HENANSHENG SHUISHOU JINGJI YUNXING ZHISHU BAOGAO

河南省税收经济运行指数报告

（2016—2020）

国家税务总局河南省税务局◎编著

企业管理出版社
ENTERPRISE MANAGEMENT PUBLISHING HOUSE

图书在版编目（CIP）数据

河南省税收经济运行指数报告.2016—2020／国家税务总局河南省税务局编著.—北京：企业管理出版社，2021.11

ISBN 978-7-5164-2482-7

Ⅰ.①河… Ⅱ.①国… Ⅲ.①税收管理—指数—研究报告—河南—2016—2020 Ⅳ.①F812.42

中国版本图书馆 CIP 数据核字（2021）第 182597 号

书　　名：	河南省税收经济运行指数报告.2016—2020
作　　者：	国家税务总局河南省税务局
责任编辑：	刘一玲
书　　号：	ISBN 978-7-5164-2482-7
出版发行：	企业管理出版社
地　　址：	北京市海淀区紫竹院南路 17 号　　邮　编：100048
网　　址：	http://www.emph.cn
电　　话：	编辑部（010）68701322　发行部（010）68414644
电子信箱：	liuyiling0434@163.com
印　　刷：	北京市青云兴业印刷有限公司
经　　销：	新华书店
规　　格：	710 毫米×1000 毫米　16 开本　12.75 印张　180 千字
版　　次：	2021 年 11 月第 1 版　　2021 年 11 月第 1 次印刷
定　　价：	68.00 元

版权所有　翻印必究·印装有误　负责调换

前　言

《中共中央　国务院关于新时代推动中部地区高质量发展的意见》提出了"到2025年，中部地区质量变革、效率变革、动力变革取得突破性进展"的总体目标要求。《中共中央办公厅和国务院办公厅关于进一步深化税收征管改革的意见》提出了"充分发挥税收在国家治理中的基础性、支柱性、保障性作用"的指导思想。《河南省税收经济运行指数报告（2016—2020）》（以下简称《报告》）充分贯彻落实两个纲领性文件，以"质量变革、效率变革、动力变革取得突破性进展"为逻辑起点和核心框架，以推动"税收大数据在经济运行研判和社会管理等领域的深层次应用"为着力点和方向指引，主要运用具有规模大、类型多、颗粒度细等特点的税收大数据，创新性构建税收经济运行指数，用于辅助研判、监测宏观经济运行现状和趋势。

《报告》以税收经济运行指数为研究目标，以新发展理念和新发展格局为研究思路，从运行动力、运行质量、运行效率等三个层次建立指数框架，从科技创新、市场活力、结构优化、投入效率、产出效率等九个维度建立指数要素，利用税收大数据建立统计测度指标，全面研究了河南省各个地市在"十三五"期间的宏观经济运行特征，从区域创新体系、现代产业体系、国内国际双循环、区域协调发展、绿色发展方式等五个方面提出了有重要参考价值的建议。

《报告》阐述的指数在已有研究基础上做了五方面新的探索：①经济运行研判内容从经济总量拓展到创新、绿色、协调、开放、共享等多重经济目标，指数评价更具综合性；②以税收大数据为主要数据来源，测度结果更加实时、全量和准确，研判结果更具时效性；③兼顾系统分析和层次分析，总指数能有效刻画宏观经济运行的加总特征，各个层次的要素指数能准确把握宏观经济运行具体的维度趋势，研判形式更具灵活性；④指数具有较丰富的统计意义，运行动力指数作为先行指数可预判宏观经济运行的趋势，运行质量指数作为同步指数可研判宏观经济运行的要素，运行效率指数作为滞后指数可评判宏观经济运行的绩效；⑤运行指数子要素的联动分析可研究区域经济联动性、经济子系统协调性等复杂经济现象，因此研判方式更具多样性。

《报告》是运用税收大数据编制税收经济运行指数的探索性研究，具有一定现实意义。后续研究拟从如下方面拓展：①深入挖掘税收大数据，进一步完善指标指数体系；②深度对接税收大数据与其他部门数据，进一步优化指标测度；③深入领会习近平新时代中国特色社会主义经济思想，进一步探究税收经济运行指数对宏观经济运行情况的预警研判作用。

《报告》研究工作尚处于探索阶段，不当之处恳请相关领域的专业人士批评指正。

目 录

第一章 总论 /1
一、税收经济运行指数编制背景 …………………………… (1)
二、税收经济运行指数研究意义 …………………………… (4)
三、税收经济运行指数创新特色 …………………………… (5)
四、税收经济运行指数适用范围 …………………………… (6)
五、税收经济运行指数编制依据 …………………………… (7)

第二章 税收经济联系与相关指数现状 /9
一、税收经济联系的理论机制 ……………………………… (9)
二、税收经济指数编制 ……………………………………… (13)
三、几种典型的税收经济指数 ……………………………… (14)
四、指数研究述评 …………………………………………… (20)

第三章 税收经济运行指数理论架构 /21
一、新发展阶段的运行理论 ………………………………… (21)
二、新发展阶段的三大变革 ………………………………… (29)
三、新发展阶段的税收经济运行指数 ……………………… (33)

第四章 税收经济运行指数指标体系 /36
一、税收经济运行动力指数构成 …………………………… (36)
二、税收经济运行质量指数构成 …………………………… (41)
三、税收经济运行效率指数构成 …………………………… (48)
四、税收经济运行指数权重设计 …………………………… (54)
五、税收经济运行指数数据处理 …………………………… (59)
六、税收经济运行指数指标体系总结 ……………………… (62)

第五章 河南省"十三五"时期税收经济运行总体评价 /64

— 1 —

一、河南省税收经济运行评价结果 ················ (64)
二、河南省税收经济运行联动分析 ················ (75)
三、河南省税收经济运行协调分析 ················ (83)
四、河南省税收经济运行总结 ···················· (94)

第六章 河南省"十三五"时期税收经济运行动力分析 /96

一、科技创新要素综合分析 ······················ (96)
二、市场活力要素综合分析 ······················ (100)
三、消费驱动要素综合分析 ······················ (104)
四、河南省税收经济运行动力总结 ················ (108)

第七章 河南省"十三五"时期税收经济运行质量分析 /110

一、主体运营要素综合分析 ······················ (110)
二、循环格局要素综合分析 ······················ (115)
三、结构优化要素综合分析 ······················ (119)
四、河南省税收经济运行质量总结 ················ (123)

第八章 河南省"十三五"时期税收经济运行效率分析 /126

一、投入效率要素综合分析 ······················ (126)
二、产出效率要素综合分析 ······················ (130)
三、环境效率要素综合分析 ······················ (135)
四、河南省税收经济运行效率总结 ················ (139)

第九章 推动河南省高质量发展的政策含义 /142

一、完善区域创新体系，加快建设科技高地 ········ (142)
二、构建现代产业体系，有力支撑经济强省 ········ (144)
三、融入国内国际循环，显著增强开放优势 ········ (147)
四、提升中心城市能级，推动区域协调发展 ········ (149)
五、加强环境综合治理，践行绿色发展方式 ········ (151)

附　　表 /155

参考文献 /181

第一章 总 论

一、税收经济运行指数编制背景

（一）宏观经济的综合治理

习近平总书记在《中共中央关于制定国民经济和社会发展第十四个五年规划和二〇三五年远景目标的建议》中提出，我国将在"十四五"期间进入新发展阶段，经济社会发展模式要贯彻以"创新、协调、绿色、开放、共享"为主要特征的新发展理念，形成以国内大循环为主体、国内国际双循环相互促进的新发展格局。在新发展阶段，我国社会主要矛盾已经转化为人民日益增长的美好生活需要和不平衡、不充分的发展之间的矛盾，经济建设的目标也从高速增长向高质量发展转变，因此新发展阶段的宏观经济治理是以贯彻新发展理念和构建新发展格局为准则的综合治理。在新发展阶段中，传统的以"投资、消费、净出口"为动力的经济增长模式逐渐转变为以"科技创新、区域协调、绿色发展、开放包容、全社会共享"为出发点的高质量发展模式，传统的以国内生产总值为核心的经济监测指标逐渐失去晴雨表功能，宏观经济治理亟须形成统筹五大发展理念和贯通国内国际双循环的多目标综合性监测评价体系。

在新发展阶段中，税收不仅是国家财政收入的主要组成部分，而且是政府提供公共物品与公共服务的物质保障，所以税务部门不仅是税收征管的部门，而且也是联系公共经济与私人经济的关键部门。与税务活动相关的税收大数据提供从微观经济活动到宏观经济特征、从商业经济变动到公共经济演化、从短期经济波动到经济的周期性变化等翔实的数据，能够为宏观经济综合治理提供可靠依据。

（二）以税咨政的可行路径

国家税务总局在 2007 年制定了《税收分析工作制度》，提出以宏观税负分析、税收弹性测度、经济税源监测、税收关联研究等为主要内容的税收分析工作机制。2014 年出台的《进一步完善税收分析工作机制的意见》（税总发〔2014〕94 号）文件中，把税收分析工作拓展到税收形势与预测、税收政策效应评估、税收风险综合管理、宏观经济监测等领域。2015 年出台的《关于坚持依法治税 更好服务经济发展的意见》（税总发〔2015〕63 号）文件中，强调税收分析工作依托现代信息技术来提高数据分析水平，进一步推动税收分析工作精准服务经济发展的目的。2017 年出台的《关于进一步做好税收服务"一带一路"建设工作的通知》（税总发〔2017〕42 号）文件中，指出税收分析工作应该有针对性地开展数据分析，充分研究各个地区"走出去"企业的具体特征，为相关企业和个人提示税收经济风险。2018 年出台的《关于全面加强税收经济分析工作的意见》（税总发〔2018〕183 号）文件中，明确税收分析工作应该以提升税收服务国家治理为宗旨，立足从税收监测宏观经济的视角充分挖掘税收大数据的独特优势，认真探索建立税收经济先行指数来分析经济运行趋势。2019 年出台的《关于支持和服务长江三角洲区域一体化发展措施的通知》（税总函〔2019〕356 号）中，倡导上海、江苏、浙江、宁波、安徽等税务局建立税收分析合作机制，推动重点行业和领域的税收经济分析工作，共同服务区域经济社会的高质量发展。2020 年出台的《关于开展 2020 年"便民办税春风行动"的意见》（税总发〔2020〕11 号）文件中，提出应该利用税收数据分析企业的产品供给与需求、用工数量变化等，为宏观经济管理和微观企业运行提供跟踪服务。

综上所述，我国税收分析工作经过从简单观察到复杂分析和从服务税收征管到服务经济社会发展的重大转变，因此通过充分利用税收大数据来分析研究经济运行成为以税咨政的可行路径。税收经济运行分析是透过税收放眼经济，用税收数据视角分析经济运行状况，把握经济发展方式转变进程，反映经济运行状况及经济结构调整情况。

(三) 税收大数据的丰富内涵

税收大数据融合了市场主体、发票开具、政策执行、税收征管、申报纳税、财务报表等多维度的经济活动数据，可以从经济行为、经济环境、经济绩效等方面综合反映新发展阶段的经济运行。

税收大数据可以实现从微观到宏观的信息整合。税收大数据是在税务部门征税过程中产生的，来源于辖区内的一般纳税人、小规模纳税人、自然人等的税收经济数据。如河南省金税系统拥有来自超过 300 万家企业和数千万自然人的税务登记、税收征缴、发票开具、税收管理等数据，其中纳税企业基本覆盖所有行业门类，相关数据能够很好地反映企业和产业结构发展情况。因此税收大数据是从微观个体到宏观总体的整合信息，满足了数据生成过程的有效性、真实性、可用性等原则，客观反映了微观经济个体的经济行为和宏观总体的经济特征。

税收大数据可以分析从政策到决策的真实情况。宏观经济政策是趋向高质量发展的经济运行的重要组成部分，对微观经济个体和宏观经济总体产生重要的影响。在新发展阶段中，税务部门一方面执行国家重大的税收政策；另一方面通过税收征缴和征税管理等活动把握到其他相关宏观经济政策的效果，因此税收大数据可以真实表达从政府政策到经济主体决策的经济行为特征。税收大数据一方面在固定时点提供了微观经济个体和宏观经济总体的经济运行特征，如企业各类申报表数据，另一方面包括了税收登记、税收管理等实时数据，频度齐全，包括年、季、月、旬、日等不同频度数据，可及时反映税收经济运行情况。因此，税收大数据可以实现从静态到动态的实时监测，满足经济运行管理的时效性特征。

税收数据是税收征管到经济运行的多视角数据。税收大数据种类齐全，视角丰富。增值税发票数据可以反映企业销售和购进情况；所得税数据可以反映企业利润情况；出口退税数据可以反映行业、地区外贸出口情况；水资源税、环境保护税可以反映企业用水、排污情况；契税、车辆购置税等数据可以反映各地房地产消费、机动车消费情况。将上述数据按行业、地区汇总，又可得到反映行业、地区情况的宏观数据。

二、税收经济运行指数研究意义

（一）充分利用税收大数据

税务部门不同于统计部门依靠抽样调查方式获得数据，税务数据主要是从税务登记、申报纳税、税收征管等经济社会活动中获取第一手数据，能够更加真实有效地反映微观经济主体的运行状况和宏观经济的运行特征。大数据技术为充分挖掘税收数据提供了技术支撑，能够有效提取微观经济主体市场交易情况、财税政策执行效果、管理部门工作成效等信息，可以更好地服务宏观经济综合治理。依托税收大数据，盘活涉税数据的"金山银库"，不仅能够提高税务部门的依法治税水平，更能为国家治理提供全面、科学的参考依据。

大数据背景下的税收经济分析在收集组织收入现状、经济税源分布与质量、关键行业动态变化、产业结构变迁等客观信息基础上，围绕经济运行、政策调控、风险提示等关键问题进行分析，为宏观经济综合治理提供经验依据。这就需要循着"经济决定税源、税源决定税收、税收反映经济"的思路构建基于税收大数据的税收经济运行指数，从而实现宏观经济预警监测、评价研判、形势预测等。

（二）有力支撑"以税咨政"

税务部门只有充分拓展和利用大数据这一战略资源，深入发掘税收数据的潜在价值，建立用数据管理经济运行、组织税收收入、检验和制定税收措施的机制，推动税收管理变革和效率提升，提高税收数据规模、质量、应用水平，加快实现税收治理现代化，更好发挥税收在国家治理中的积极作用。

通过对税收大数据的开发，灵活地将税收大数据用于指导政府各部门的决策，贯彻并落实"以税咨政"的发展理念。开展基于税收大数据的经济分析，可以强化税务部门话语权，增强税收数据在宏观政策制定中的影响力，并推动税收治理的现代化。税收治理的现代化，体现在"善治"和"共治"，要达到这样的目标，需要让税收数据广泛应用于各界的经济分析研判中，前提是开展基于税收大数据的经济分析，发现税收数据的价值，发挥税收数据的作用。

（三）丰富经济运行指数内涵

传统的经济学文献认为经济运行状况主要监测经济是处于经济周期（Business Cycle）的上升阶段或下降阶段。相关研究大多采用国内生产总值、利率水平、工业生产、就业水平、企业盈利状况、居民收入等宏观经济指标来构建经济景气指数、采购经理人指数、消费者信心指数、企业家信心指数等，所以相关指数更多关注经济总量的动态变化，并且相关数据更多来自抽样调查或全面调查等方法。税收经济运行指数主要依赖于税收大数据提供的微观经济主体的运行轨迹、治理效能、产出分配、行业层面等综合信息，可以更加客观真实地反映宏观经济的运行状况。

三、税收经济运行指数创新特色

（一）从新发展理念角度综合分析经济运行状况

在新发展时期中，经济发展已经从高速增长转向高质量增长，宏观经济运行监测也从以总量经济活动为重心转向以新发展理念为导向的综合监测。传统的经济运行监测指数不能满足新发展时期经济运行综合监测的需要，如以订单、价格、出口、进口、就业、交货等为内容的采购经理人指数更多关注经济总量扩张或收缩的特征，以生产、就业、需求、收入等为内容的经济景气指数更多关注企业经营状况的变动。税收经济指数基于科技创新、市场活力、企业经营、产业结构优化、投入产出效率等要素来综合构建经济运行指数，从运行动力、运行质量、运行效率等层次全面刻画经济运行状况。

（二）从微观到宏观的指数构建

传统的经济运行监测指数采用社会调查方式，通过获取企业家、消费者、经理人等对企业生产与运营，以及市场供给与需求、社会收入与储蓄等的主观判断来提取经济运行数据，所以监测指数的基础数据是主观的、易变的、模糊的。税收经济运行指数的基础数据是税收征管活动中形成的大数据，包括政府的税收收入、税收政策、纳税管理等，企业的生产、交易、销售、利润等，个体的就业、收入、所得税等。因此，税收经济运行指数的基础数据可以搭建市场主体属性、生产经营状况、消费投资特征等经济活动的系统性联系，能够基于新发展理念形成真实的经济活动轨迹，从而满足宏观经济综合监测的需要。

（三）动态精准监测经济运行

宏观经济治理的综合监测不仅需要基于真实数据的统计描述，而且需要基于经济理论的研判分析，同时也需要基于新发展理念的绩效测度。税收经济运行指数相对于传统经济运行监测指数，首先基于税收大数据为描述微观经济主体的生产运行、消费投资、科技创新、交易开放等活动，同时基于国民经济核算框架、企业生命周期演变特征、产业结构优化趋势、制度与发展经济学理论等来建立经济运行指数的要素。税收经济运行指数采用数据标准化处理技术、数据包络分析、跨期参比方法等，能够实现从现状到内涵、从内涵到绩效的精准监测。

（四）从层次到系统的统计分析

税收经济运行指数是复合经济指数，指数的层次和维度都具备明确的经济意义和统计意义。税收经济运行指数包括运行动力指数、运行质量指数、运行效率指数等三个层次和科技创新等9个要素；每个要素能够独立刻画宏观经济运行的具体维度特征；运行动力指数是先行指数，可以预判宏观经济运行的趋势；运行质量指数是同步指数，可以研判宏观经济运行的要素；运行效率指数是滞后指数，可以评判宏观经济运行的效率。三个子指数的联动分析可以进一步分析区域间经济联动、区域内经济协调等复杂经济现象。

四、税收经济运行指数适用范围

经济运行指数以税务税收数据为基础，基于新发展时期的经济运行特征、新发展理念的理论框架、新发展格局的发展思路等来构建，从税务税收角度来评价河南省地市单元和经济区域的经济运行状况。河南省有：郑州、开封、洛阳、平顶山、焦作、鹤壁、新乡、安阳、濮阳、许昌、漯河、三门峡、南阳、商丘、信阳、周口、驻马店、济源18个地市。河南省经济区域是以中原城市群的空间结构对河南省地市单元进行划分，包括郑州大都市区、洛阳副中心都市圈、南部高效生态经济示范区、北部跨区域协调发展示范区、东部承接产业转移示范区等五大区域；郑州大都市区以郑州为中心城市，辐射开封、新乡、许昌、焦作等市；洛阳副中心都市圈以洛阳为中心城市，辐射平顶山、三门峡、济源等市；南部高效生态经济示范区以南阳为中心城市，辐射漯河、信阳、驻马店等市；北部跨区域协调发展示范区以安阳为中心城市，辐射鹤壁、濮阳等市；东部承接产业转移示范区以商丘为中心城市，辐射周口市。

五、税收经济运行指数编制依据

税收经济运行指数的制度文件依据如下：

《习近平新时代中国特色社会主义思想学习纲要》（2019年）。

《把握新发展阶段，贯彻新发展理念，构建新发展格局》（2021年）。

《中共中央 国务院关于新时代推动中部地区高质量发展的意见》（2021年）。

《中共中央办公厅和国务院办公厅关于进一步深化税收征管改革的意见》（2021年）

《决胜全面建成小康社会 夺取新时代中国特色社会主义伟大胜利》（中国共产党第十九次全国代表大会报告）（2017年）。

《中共中央关于第十四个五年规划和二〇三五年远景目标的建议》（中国共产党第十九届中央委员会第五次全体会议）（2020年）。

《关于新时代推动中部地区高质量发展的指导意见》（2021）。

《国务院关于加快培育和发展战略性新兴产业的决定》（国发〔2010〕32号）。

《国务院办公厅关于加快发展高技术服务业的指导意见》（国办发〔2011〕58号）。

《进一步完善税收分析工作机制的意见》（税总发〔2014〕94号）。

《关于全面加强税收经济分析工作的意见》（税总发〔2018〕183号）。

《关于进一步深化税务系统"放管服"改革 优化税收环境的若干意见》（税总发〔2017〕101号）。

《中共中央、国务院关于建立更加有效的区域协调发展新机制的意见》（2018年）。

《河南省国民经济和社会发展第十四个五年规划和二〇三五年远景目标纲要》（2021年）。

《河南省推动制造业高质量发展实施方案》（2020年）。

《中原城市群发展规划》（2016年）。

《郑州大都市区空间规划（2018—2035）》（2018年）。

《洛阳都市圈发展规划（2020—2035）》（2020年）。

《中共郑州市委关于制定郑州市国民经济和社会发展第十四个五年规划和二〇三五年远景目标的建议》（2021年）。

《中华人民共和国国家标准——国民经济行业分类（GB/T 4754—2017）》（2017年）。

《高技术产业（服务业）分类（2018）》。

《战略性新兴产业分类（2018）》（国家统计局令第23号）。

《高技术产业（制造业）分类（2017）》（国统字〔2017〕200号）。

《生活性服务业统计分类（2019）》（国统字〔2019〕44号）。

《生产性服务业统计分类（2019）》（国统字〔2019〕43号）。

《新产业新业态新商业模式统计分类（2018）》（国统字〔2018〕111号）。

第二章 税收经济联系与相关指数现状

一、税收经济联系的理论机制

(一) 税收与宏观经济增长

宏观经济增长是指一个国家或地区经济产出水平的可持续增长,其不仅受消费、投资、出口等因素的影响,而且也与税收活动紧密相关。新古典增长理论认为,财政政策对经济增长只有短期的影响,但税收则对稳态的人均产出水平有长期影响,同时可以在经济趋于稳态的转型路径上影响经济增长率。内生经济增长理论则认为,当税率被永久性提高时,经济的稳态增长率也会永久性降低。大多经济增长模型都指出,对收入和投资征税会降低私人部门收益,从而对经济增长产生抑制效应。与此同时,税收是政府部门提供公共品或公共服务的基础,道路设施、基础教育、公共卫生、市政服务等公共品或公共服务都是经济可持续增长的重要因素,因此税收是与宏观经济增长紧密相关的。

市场是配置资源的基础性力量,但是市场失灵会对宏观经济产生负向影响,因此宏观经济管理需要协调政府与市场的关系(Easterly and Rebelo,1993;侯明和杨树臣,2001)。税收政策是宏观经济调控的重要手段,其不仅是配置资源的经济手段,而且是具备强制力的行政手段。刘溶沧和马拴友(2002)的研究发现对资本征税会降低投资率和全要素增长率,但是对消费支出征税会提高投资率和全要素生产率。李永友(2004)将财政支出引入宏观税负分析框架,运用中国经验数据进行分析发现考虑财政支出的宏观税负对经济增长的负向影响有明显的下降。沈坤荣和付文林(2006)的研究发现地方政府的征税努力有利于提高公共服务水平并促进区域经济增长。李涛等(2011)运用中国省级面板数据的经验分析发现宏观税负不利于经济增长，但是区域之间的税收竞争对经济增长有显著的正向影响。严成樑和龚六堂（2012）建立资本积累与科技创新相互影响的内生经济增长模型，基于中国1978—2009年的经验事实进行研究发现征收资本所得税带来的经济增长负效应和社会福利损失大于征收劳动所得税和消费税。朱军（2015）运用动态随机一般均衡模型评价了线性平滑税、累进制税、预算软约束税收、比率增长税收等税收模式，研究发现增加税收会降低劳动参与率但是能够显著提高消费水平，从而对经济增长产生复合影响。白仲林和汪玲玲等（2016）基于动态随机一般均衡模型的模拟分析发现政府实施结构性减税可以有效提高企业主体的科技创新水平，有利于物价水平的稳定和经济的稳定增长。范子英和高跃光（2019）提出提高直接税比重和降低增值税有利于推动中国经济的高质量发展。

合理的税收制度、优化税制结构体系能够对经济增长产生更积极的影响效应，充分发挥调节经济的职能，有利于促进国家经济发展和社会的稳定（田效先，2013）。因此，每项税收政策都必须围绕着现实经济增长状况做出适当的调整，而税收经济分析能够通过体系的优化对经济产生积极的影响。做好税收经济分析工作不仅对改善税收管理，提高税收工作质效等方面有重要作用，同时有助于精准推进供给侧结构性改革，实现税收与经济总量从数量式增长到质量式增长转变。

（二）税收与宏观经济波动

宏观经济波动是指经济运行沿着长期增长趋势而呈现出的扩张与收缩的过程（秦天程，2015），即总产出、总收入、就业水平、贸易规模等宏观经济总量指标在长期内呈现出显著的波动特征（Sorensen 和 Whitta-Jacobsen，2010；刘畅和高铁梅，2011）。税收作为宏观经济的内在稳定器，国家可以根据经济运行的主要特征选择合理的税收政策来减弱宏观经济的波动程度，从而实现经济的稳定可持续增长（李晓梅，2005）。段启华（2003）通过分析中国1953—2002年期间的五个经济周期发现积极的税收政策能够有效应对经济周期产生的不良影响。何燕等

(2009) 认为经济波动是经济运行偏离均衡状态的常态，税收政策的滞后性不利于减弱经济波动。蔡宏波和王俊海（2011）通过研究中国经济周期的波动特征发现降低资本所得税和劳动所得税能够有效减弱外部供给冲击带来的产出下降风险。李玉双和刘凤根（2014）的研究发现消费税、个人所得税、资本所得税等对经济增长的影响是不确定的，税负增加会降低政府债务水平和增加政府财政支出，从而对产出规模产生扩张效应。胡深和张凯强（2020）的研究发现经济波动程度增大会提高地方政府税收努力程度。杨灿明和詹新宇（2016）分析"盯住税负稳定"和"盯住支出需求"等税收政策，研究发现"盯住双重目标"的税收政策有利于降低宏观经济的波动幅度。

税收一方面作为内在稳定器，通过结构性减税与加税的手段引导微观经济主体的行为选择，改善资源配置状态，促进市场在资源配置中起决定性作用，在市场失灵领域发挥"看得见的手"的作用。另一方面税收能够实现税负在不同市场主体之间的优化配置。因此，税收政策不仅是经济调控手段，更是国家治理的支撑性要素，合理的税收政策可以通过自动稳定机制和相机抉择机制熨平经济波动。

（三）税收与高质量发展

习近平总书记在党的十九大后中央经济工作会议上提出"推动高质量发展"这一重要论断，进而实现这一目标就成为财税领域的重要任务。中央经济工作会议特别强调，推动高质量发展是当前和今后一个时期确定发展思路、制定经济政策、实施宏观调控的根本要求。近年来，国家密集出台或调整大量税收政策规定，对经济的平稳运行和快速发展发挥了重要作用。高质量发展是站在新的历史方位上，适应社会主要矛盾变化而提出的战略，是推动新时代国家现代化建设必须长期遵循的战略（张军扩等，2019）。目前，我国正处于经济社会快速发展的时期，但在2013年之后，我国经济进入了新常态，经济发展处于增长速度换挡期、结构调整阵痛期和前期刺激政策消化期。目前我国向经济高质量发展阶段迈进，促进经济高质量发展是实现我国现代化的必由之路，也是新时期社会主义现代化建设的重要目标。创新、协调、绿色、开放、共享这五大发展理念集中反映了新时期我国经济高质量发展的内涵和要求（曹润林和陈海林，2021）。高质量发展的五大发展理念形成了一个"崇尚创新、注重协调、倡导绿色、厚植开放、推进共享"的发展动力系统（田秋生，2018）。高质量发展是经济发展质量的高级状态，是以创新、协调、绿色、开放、共享新发展理念为指导的经济发展状态，也是低成本、高效率、少污染、经济社会效益好的发展状态。总体来看，高质量发展应包含商品和服务质量的提高、投入产出效率的提高及经济结构协调性的提升（李香菊和杨欢，2019）。

税收是国家调控经济运行、调节收入分配的重要政策工具，是推动经济高质量发展的财力基础和重要的调控工具（李华，2019）。随着税收信息化建设的快速发展，要保证经济持续健康发展，就需要重塑支撑其发展的税收政策。首先，税收为推动经济高质量发展提供基础保障。推动高质量发展需要跨越我国经济发展现阶段特有的关口及常规的长期性关口。税收是国家财政收入的主要构成，可以为政府履行各项职能、跨越各种关口、推动高质量发展提供财力基础。其次，税收是调控经济运行、助推高质量发展的重要政策工具。高质量发展目标下，对于创新驱动、创业鼓励、经济结构调整和区域协调发展等方面，优化研发税制、调整税制结构和加大减费降税力度等税收的调控和引导都将发挥重要作用。最后，税收为高质量发展提供全方位保障。税收可以牵动所有经济主体，统筹调动各方资源，充分释放市场活力，形成有利于高质量发展的基本环境。

税收作为促进经济增长的重要工具或手段，根本目的在于实现经济的高质量发展（范子英和高跃光，2019）。高质量发展是适应我国社会主要矛盾转变的必然要求，税收在高质量发展中起着基础性、支柱性和保障性作用。税收分析使税收管理决策工作有了更强的数据支持，为进一步处理海量税收信息资源、助推经济高质量发展的政策创新提供新思路。李恺和上官绪明（2021）认为税收竞争对本地经济高质量发展具有抑制作用及正向空间溢出效应。因此，构建反映高质量发展的税收经济分析指标体系和分类标准是高质量发展的实践要求。

二、税收经济指数编制

指数为测定一种变量在时间上或空间上变动程度的相对数。测定一种经济指标在时间上或空间上变动程度的相对数，称为经济指数。按照测定对象的范围，可分为个体指数和总指数；按照经济指数的性质，可分为数量指数和质量指数；按照基期的不同，可分为定基指数和环比指数；按照计算时选择的同度量加权因素的不同，可分为拉式指数和帕氏指数（刘树成，2005）。俄国经济统计学家科纽斯于1924年在《真实的消费价格指数问题》一文中首次提出经济指数方法原则。其后，Frisch（1936）发展这一思想，提出了指数的"原子论方法"与"函数论方法"之区分。Samuelson（1947）和Theil（1957）等人则进一步归纳和改造有关的指数法概念，明确了指数的"统计理论"与"经济理论"之区分。经济指数理论通过改变效用函数的性质得以发展，本质是在为传统指数公式赋予某种新的经济思想解释（焦鹏，2008）。经济指数的两种编制方法是综合指数和平均数指数，通常需要结合研究的目的、可获取的资料及以资料特征来对指数进行编制并应用（张毅，2012）。

税收经济分析作为经济分析的重要组成部分，既需要理解其作为经济分析的普适性特点，又需要明确其区别于其他类型经济分析的独特性（谢波峰，2017）。童锦治和廖立忠（1995）指出在构建和应用税收经济指数时，更要结合我国具体的经济环境。杨默如（2015）认为，"税收指数化（Tax Indexing）"作为常态化的调整方式，逐渐成为税收经济研究关注的重点。薛钢和刘军（2013）总结国外个人所得税指数化的做法，提出了我国个人所得税指数化的改革思路及个人所得税制指数化措施的经济影响。刘合斌（2009）构建中国各省份的税收能力利用指数，比较分析区域间税收能力利用的差异。郝川明等（2018）整理税务机关销售发票数量、纳税人开具发票的金额与份数等数据，构建了税收发票指数。税收中的数据可以更直接地反映经济的发展情况，有利于及时掌握经济动向。建立税收经济指数可以更全面科学地反映和预测经济运行趋势，有助于税务部门在制定各项政策之前就做好综合统筹，使各项政策贴合经济形势的发展，更好地发挥调控作用（钱斌华，2017）。

三、几种典型的税收经济指数

国家税务总局、各地区税务局、相关研究机构等依托税收大数据，运行统计指数理论与方法，搭建税收经济分析指标库，建立了一系列具备现实意义的税收经济指数。其中有代表性的包括税收经济指数、世界银行开发的"营商环境—纳税指数"、福布斯开发的"税负痛苦指数"、国家税务总局山东省税务局开发的"税收经济指数"、国家税务总局四川省税务局开发的"经济景气度税电指数"、国家税务总局湖北省税务局开发的"达产税务指数"、国家税务总局广东省税务局开发的"税收开票综合指数"等。

（一）营商环境—纳税指数

自2003年起，世界银行通过探索、整理和归纳，建立了一套已被广泛认可的包括纳税等十项重要指标的营商环境评价指标体系，不仅成为各国营商环境优劣的参考标准，还成为建设营商环境的风向标（刘英奎，2020）。世界银行营商环境—纳税指数反映了一个国家或区域内企业生产经营过程中导致纳税遵从成本的各种税收制度（李成和施文泼，2020）。

"营商环境—纳税指数"包括公司纳税次数、公司纳税所需时间、税后实务流程指数、总税率等4个二级指数，具体采用加权平均方法来进行计算（见图2-1）。公司纳税次数是指纳税人在一年内实际到税务机关或代征机关缴纳增值税、所得税、社会保险费等各类税费所需的次数。公司纳税时间是指纳税人在一年内办理与纳税活动相关的准备时间、申报时间、缴纳时间等的总和。总税率是指纳税人扣除减免额后缴纳的各类税款和费用的总和占公司营业利润的比重。税收实务流程指数只是纳税人在完税后办理各类退税或申报错误等事项，具体包括"增值税退税申报时间、退税到账时间、企业所得税审计申报时间、企业所得税审计完成时间"4项内容。

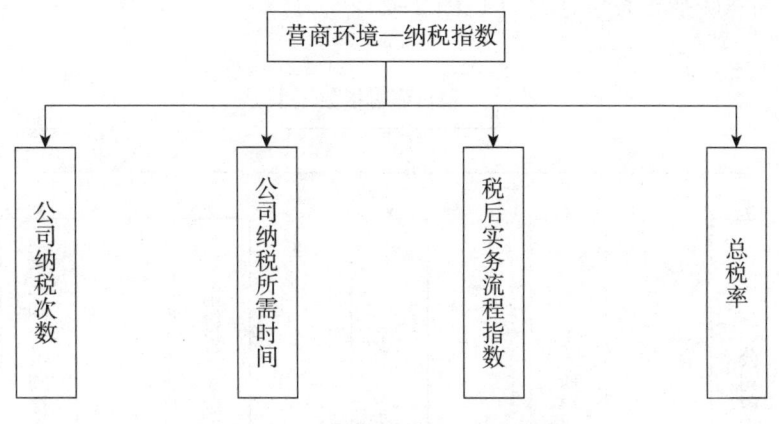

```
                    ┌──────────────────┐
                    │ 营商环境—纳税指数 │
                    └────────┬─────────┘
         ┌──────────┬────────┴────────┬──────────┐
    ┌────┴────┐┌────┴────┐      ┌────┴────┐┌────┴────┐
    │ 公司纳  ││ 公司纳  │      │ 税后实  ││ 总税率  │
    │ 税次数  ││ 税所需  │      │ 务流程  │└─────────┘
    │         ││ 时间    │      │ 指数    │
    └─────────┘└─────────┘      └─────────┘
```

图 2-1 营商环境—纳税指数

世界银行营商环境—纳税指数的构建为全球经济分析工作提供了重要的参考价值，其积极意义主要在于：一是通过指标测评将实际经济活动中复杂的定性分析定量化处理，极大地简化和便利了营商环境中纳税部分评价工作的开展。二是世界银行通过自身强大的国际组织品牌效应和全球工作网络，持续多年对各国营商环境的纳税情况进行计算，对于推动各国开展营商环境评价，促进各国营商环境优化都发挥了重要的作用。

（二）税负痛苦指数

税负痛苦指数（Tax Misery Index）也称税收痛苦指数，是由美国《福布斯》杂志提出，旨在通过一年一度的全球税负调查，为企业及其雇员提供投资和就业指导。税负痛苦指数作为衡量一项政策是否有利于吸引资本和人才的最佳标准，以各税种名义税率或边际税率简单相加计算得出，负数表示吸引力增加，该指标又称税负压力指数（孙玉栋，2007）。较低的税负痛苦指数是"取之有度，用之有效"，即税收的征收应有助于经济的发展，税负不宜过高，税收尽可能地服务于民众，最大范围地提高国民的生活水平。根据拉弗曲线定律，过高的税负会影响经济的发展，不利于经济、税收的持续增长（谢冬梅和贾宪洲，

2015)。税负痛苦指数由各地的公司税率、个人所得税率、富人税率、销售税率/增值税率，以及雇主和雇员的社会保障贡献等计算而得，指数越高意味痛苦程度越高（见图2-2）。

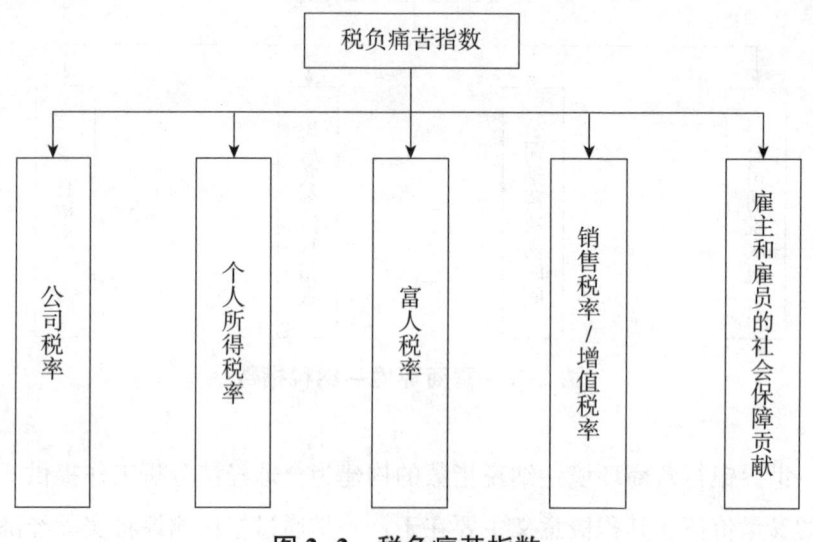

图 2-2 税负痛苦指数

（三）税收经济指数

税收经济指数是由国家税务总局山东省税务局创建的，具体通过观察税收数据来研究经济发展。税收经济指数包括纳税主体活力指数、纳税主体发展指数和纳税主体用工指数三个部分（见图2-3）。纳税主体活力指数综合反映纳税主体活跃度情况，主要观察新增纳税市场主体、存量纳税市场主体、开票纳税市场主体等的变化趋势来评价区域内税收产出持续性的状况。该指数越高表示当期纳税主体生命力越强，未来持续做出税收贡献的可能性越大。纳税主体发展指数是指纳税主体直接参与市场交易活跃程度和变动趋势的指数，主要采用纳税市场主体在一定时期内开具发票的金额的同比变化和环比变化来衡量经济活跃度，具体包括5个三级指数和3个结构指数，当指数大于100，说明市场交易总量有所扩大，经济活跃度增强，纳税主体发展程度有所提升，整体经济走势向好。纳税主体用工指数是指纳税市场主体的用工活跃度，主要采用代扣工资、薪金、劳务等所得的纳税市场主体纳税人数的同比变化和环比变化来进行测量，具体包括1个三级指数，当指数大于100时表明纳税市场主体的用工活跃度较高。国家税务总局山东省税务局利用税收大数据编制发布的税收经济指数客观反映和佐证当地统筹推进疫情防控和经济社会发展的效果和特点，实现了对宏观经济、税收收入走势和税收征管的先导性、指向性研判。

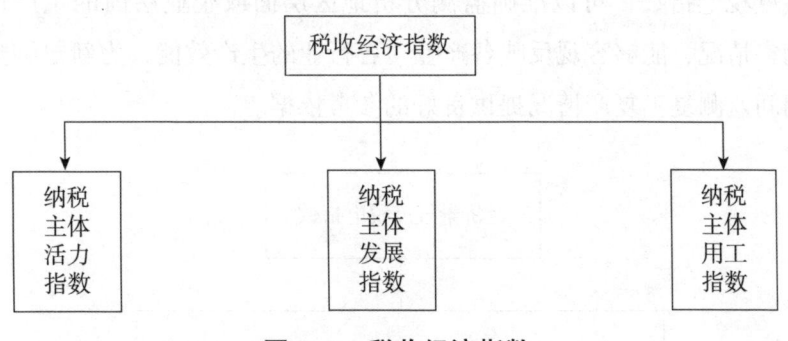

图 2-3 税收经济指数

（四）经济景气度税电指数

"经济景气度税电指数"是国家税务总局四川省税务局和国家电网四川省电力公司联合开发的用于监测复工复产情况的指标体系，具体采用增值税发票开具和企事业单位用电量等数据来测量实时监测各地区或各企业的生产销售状况。"经济景气度税电指数"的具体统计方法为采用取得发票数据来反映企业的采购情况，采用用电量数据来反映企业的生产运营情况，采用开具发票数据来反映企业的销售状况，然后汇总三个维度的指数用以表述一个地区或行业的经济景气程度。

"经济景气度税电指数"模型是利用税收大数据和电力大数据来刻画企业的生产运营情况，具体包括税电复工指数和税电复产指数等两个二级指数（见图2-4）。税电复工指数是税务复工率和电力复工率的加权平均数。其中税务复工率描述企业恢复销售活动的情况，采用当期增值税发票开具次数的同比变化来进行测量；电力复工率描述企业恢复生产活动的情况，采用企业当日用电量超过 2019 年 12 月日均用电量 30%的企业户数占总监测户数的份额来进行测量。税电复产指数是税务复产率和电力复产率的加权平均数。其中税务复产率是指企业重新达到正常销售水平的状况，具体采用当期增值税发票开具金额的同比变化来进行测量；电力复产指数是指企业重新达到正常生产水平的状况，具体采用当日企业用电量与 2019 年 12 月日均用电量的比率来进行测量。"经济景气度税电指数"可以准确监测分析地区层面或企业层面的生产情况和销售情况，能够客观反映各产业、各行业的生产效能，为新冠肺炎疫情期间监测复工复产情况提供良好的参考依据。

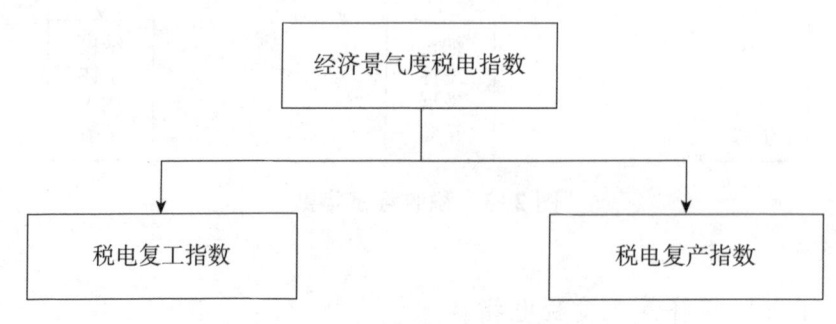

图 2-4　经济景气度税电指数

（五）达产税务指数

"达产税务指数"是由国家税务总局湖北省税务局与湖北省发展和改革委员会联合创建的，采用大数据技术逐日观察"复工、复产、复市"的进展情况。"达产税务指数"以 2020 年 3 月 11 日为湖北省企业复工复产的基准日期，采用当日开具增值税发票户数与上年全年开票总户数的比率、当日开具增值税发票户数同比变化、当日增值税发票开具金额同比变化等指标，按照 1∶4∶5 的权重来计算"市场活跃度、复销面、复销率"指数（见图 2-5）。"达产税务指数"用增值税发票数据监控企业复工达产情况，具有权威、合理和快速的特点，并且税收大数据自动化程度高，比其他部门提供的经济数据要早 10 天左右。

```
            达产税务指数
        ┌───────┼───────┐
      市场活跃度  复销面   复销率
```

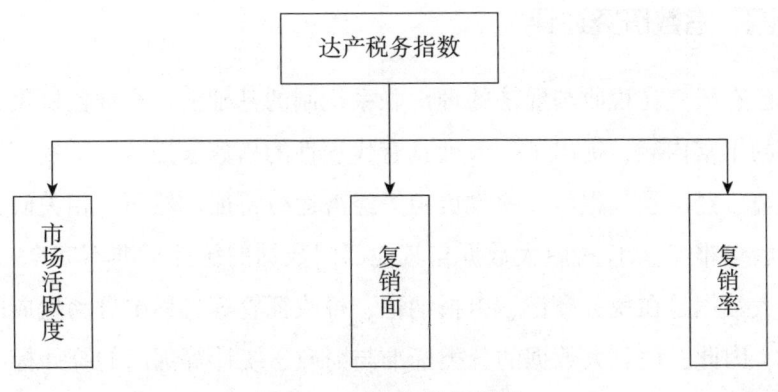

图 2-5 达产税务指数

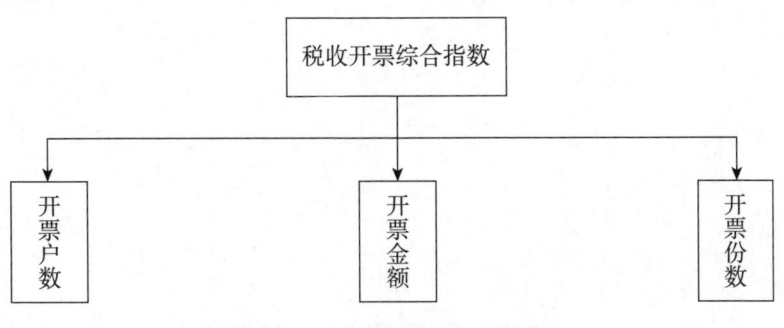

（六）税收开票综合指数

"税收开票综合指数"是由国家税务总局广东省税务局创建的（见图 2-6）。该指数充分利用税收"大数据"覆盖面广、及时性强、颗粒度细的优势，在税收经济分析的基础上深度挖掘税收数据，通过对发票信息进行建模来持续跟踪经济进展和运行情况。税收开票综合指数是通过综合增值税发票开具户数、增值税发票开具金额、增值税发票开具份数指标来合成的指数，其不仅可以用来监测经济运行状况，而且能够分析企业生产难题，为战略调整和经营决策提供更丰富的资讯信息和数据支撑，通过这个指数可以更加清晰地反映广东省的复工复产情况。

```
           税收开票综合指数
        ┌───────┼───────┐
      开票户数   开票金额   开票份数
```

图 2-6 税收开票综合指数

四、指数研究述评

已有研究在税收与经济的理论联系机制的基础上，充分挖掘税收大数据的丰富内涵，提出了一系列具有代表性的指数来描述复工复产、营商环境、经济景气程度、税收负担等经济运行特征。然而，相关研究也存在诸多难点：① 税收大数据与其他部门数据的统计标准不完全一致。税收大数据是在税务登记、申报纳税、税收征管等过程中自动生成的数据集，因此，税收大数据的分类标准与财政、统计等部门的统计标准并不完全一致，税收大数据难以对接其他部门数据。② 税收大数据的信息分布是相对分散的。税收大数据收集纳税人的一系列涉税信息，并按多种类型进行归类，但是较难对纳税人的各类行为数据进行判定和评价。③ 难以利用税收大数据构建连续时间序列。税收大数据是一个不断完善的大数据集合，对应的元数据也在不断扩充和丰富，但是基于最新数据集合生成的统计指标难以实现跨单元或跨时期的分析。

第三章 税收经济运行指数理论架构

一、新发展阶段的运行理论

(一) 新发展阶段的新发展理念

习近平总书记在党的十九大报告中指出："我国经济已由高速增长阶段转向高质量发展阶段，正处在转变发展方式、优化经济结构、转换经济增长动力的攻关期，建设现代化经济体系是跨越关口的迫切要求和我国发展的战略目标。"[①] 在《以新发展理念引领经济高质量发展——关于新时代中国特色社会主义经济建设》中，习近平总书记进一步指出："我们建设的现代化经济体系，要借鉴发达国家有益做法，更要符合中国国情、具有中国特色；要建设创新引领、协同发展的产业体系，统一开放、竞争有序的市场体系，体现效率、促进公平的收入分配体系，彰显优势、协调联动的城乡区域发展体系，资源节约、环境友好的绿色发展体系，多元平衡、安全高效的全面开放体系，充分发挥市场作用、更好发挥政府作用的经济体制。"

1. 创新是新发展的动力

在五大发展理念中，创新居首位，是新发展的动力。华坚（2019）通过对中国 30 个省级地区的耦合协调度进行研究，发现科技创新与经济高质量发展之间存在较强的互动关系，二者之间已初步实现良好协调发展。辜胜阻（2018）认为，创新驱动与核心技术突破是经济高质量发展的基石，提升核心技术创新能力有利于推动产业高质量发展。丁涛（2018）研究发现科技创新对绿色协调发展具有较强推动作用。在新发

[①] 人民网—人民日报，2017 年 10 月 28 日。

展阶段中，要促进科技创新和经济高质量协调发展。

在经济高速增长阶段，我国的经济总量不断提升，在2010年超越日本位居世界第二，全社会生产力得到极大的发展。然而，科技创新对经济增长的贡献还处于较低水平，资本、劳动、环境等要素投入依然是经济增长的重要动力。但是在经济发展中，土地、能源、非熟练劳动力等物质资源越来越少，科技人才、产业资本、管理技术等越来越成熟。因此，经济增长出现了不平衡、不协调、不可持续等一系列问题。马克思在《资本论》中将科学技术视为生产力的原动力，认为劳动生产力是随着科学技术的进步而不断发展的。在新发展阶段中，经济发展要进一步加强产业部门的创新意识，增加产业部门的创新投入，提高产业部门的创新效率，加速产业部门的创新转化，推动科技创新和经济紧密结合。

2. 绿色是新发展的要求

绿色发展是实现可持续发展的基本要求，是满足人民对美好生活向往的客观要求，是人与自然和谐共生的必然要求。绿色发展是实现共享发展的重要前提，是构成共享发展的环境条件。保护环境就是保护生产力，改善环境就是发展生产力。联合国环境署在1989年曾经发表过《关于可持续发展的声明》，认为可持续的发展系指满足当前需要而又不削弱子孙满足其需要之能力的发展，李曦辉（2019）认为中国经济进入新常态以后，中国的经济发展模式应是可持续发展模式，要将绿色发展作为新常态下的国家经济发展的新战略。万媛媛等（2020）认为经济发展追求的是经济高质量，环境保护追求的是生态文明，经济高质量发展为生态文明提供物质条件，生态文明为经济高质量发展提供有力保障，经济高质量发展要顺应生态文明的客观要求，生态文明与经济高质量发展相互制约、相互影响，所以二者的和谐统一至关重要。荆克迪（2021）认为人民对美好生活需要的重要内容之一即幸福感，并且幸福感与绿色发展水平密不可分。绿色发展要推动绿色生产方式，积极推进生态环境保护，树立"绿水青山就是金山银山"①的发展理念，加强资源节约和节能减排力度。绿色发展要推动绿色生活方式，进一步提升居民的环境保护意识和共建共享意识，倡导绿色消费、绿色出行、绿色居住等自觉行动，引导居民尊重自然、顺应自然、保护自然等生活方式。

3. 协调是新发展的方向

新发展阶段是我国从中等收入国家向高收入国家迈进的关键阶段，因此新发展要坚持协调发展方向。我国幅员辽阔，不同地区之间生态环境不同，资源禀赋各异，区域间的发展差距客观存在，这就需要统筹协调、兼顾各方。陈雪等（2020）认为要坚持用协调发展理念平衡共享发展关系，协调发展将为共享发展理念的实现创造更为和谐的环境。统筹协调发展必须坚持区域协同、城乡一体、物质文明与精神文明并重、经济建设与国防建设融合，在协调发展中拓宽发展空间，在加强薄弱领域中增强发展后劲。推动区域协调发展，塑造要素有序自由流动、主体功能约束有效、基本公共服务均等、资源环境可承载的区域协调发展新格局。推动城乡协调发展，坚持工业反哺农业、城市支持农村和多予少取放活的方针，逐步消除城乡二元结构，形成城乡经济社会发展一体化新格局。

协调发展需要破解发展短板以挖掘发展潜力，在公共产品供给、公共服务配置、地方治理现代化水平、农村农业发展等方面破除短板。协调发展需要克服区域差异以优化资源配置，扭转城乡二元经济结构，推动公共产品服务的城乡均等化水平，实现国家"软实力"和"硬实力"协同提升。

4. 开放是新发展的路径

开放是国家繁荣的必由之路，以开放促改革、促发展，是我国发展不断取得新成就的重要法宝。我们要坚持主动开放，积极适应经济全球化潮流。要坚持共赢开放，积极打造人类命运共同体，实现共赢、多赢的美好局面，为共享发展的实现提供和谐的世界环境；要坚持双向开

---

① 2005年8月，时任浙江省委书记的习近平在浙江省安吉县余村考察时首次提出"绿水青山就是金山银山"的发展理念。

放，积极提升开放型经济发展水平；要坚持全面开放，扩大开放空间、开放内容，打造陆海内外联动、东西双向互济的全面开放新格局。

开放是新发展的路径，开放的水平决定发展的水平。加强推动商品和要素间的流动，有利于提高资本、劳动、技术的边际生产率和全要素生产率。推动国际贸易和国际投资等规则的制度型开放，有利于保障有序的商品贸易和最优的要素流动，有利于协调发达地区与欠发达地区、发达国家与欠发达国家之间的利益分配和合作共赢。推进共商共建共享机制，有利于发挥企业主体作用，有利于推动基础设施的互联互通。

5. 共享是新发展的目的

共享是新发展的目的，决定着经济社会发展的生产方式、生产关系、生产效率等。党的十八届五中全会正式提出了共享发展理念，意味着新发展惠及所有行业、所有地区、所有民族的全体人民，是融合经济、政治、文化、社会、生态等的综合性发展模式。

共享发展理念是对经济学理论的继承和创新。马克思曾指出："人们奋斗所争取的一切，都与他们的利益有关"[①]，这就表明无论是人们所开展的物质活动、精神活动，还是社会变革、社会革命，都是与争取利益密切相关。福利经济学主张通过福利政策实现公平分配，解决贫困带来的一系列社会矛盾。英国古典经济学家庇古认为，经济福利在相当大的程度上取决于国民收入在社会成员之间的分配。基于此，他提出了国民收入均等化思想。英国经济学家诺贝尔经济学获奖者——阿玛蒂亚·森提出了基于能力、权利和福利的"能力贫困论"，认为市场经济竞争中的贫困及弱势群体，因受自身能力不足及外部环境差异的影响而无法实现与社会的融合，缺乏实现平等的权利。在他看来，政府应关注发展人的能力，如健康、教育及权利职责等，应当为贫困者提供更多的能力提升和就业机会，鼓励参与社会政治生活等，实现真正意义上的平等。凯恩斯主义的有效需求理论认为，为抑制经济波动，政府应主动采

---

① 马克思恩格斯全集［M］.（第1卷）．北京：人民出版社，1956：82.

取"普遍福利"政策，通过利用财政赤字政策可以大幅度提高民众生活福利。不同于以上观点，共享发展的重点是人民的获得感，决定了发展成果的分配结构，提高了人民的主人翁意识，实现了个人和集体的和谐共生。共享发展扭转了发展中的不公平问题，扭转了市场失灵带来的扩大的收入不平等和低效率的资源配置，实现了公平与效率的同频共振。坚持共享发展，使人民群众在共建共享发展中有更多获得感。

（二）新发展阶段的新发展格局

在世界经历百年未有之大变局和我国社会主要矛盾发生变化的新时期，习近平总书记在 2020 年 7 月 30 日的中共中央政治局会议上提出："加快形成以国内大循环为主体、国内国际双循环相互促进的新发展格局。"戴翔等（2020）认为我国开放发展新阶段既有转向新发展格局的必要性，也有其现实基础和条件，我们要以高水平开放促进国际循环。刘尧飞等（2021）认为构建双循环新发展格局是未来一段时期中国经济发展的重要战略选择。

构建发展新格局，要以国内大循环为主体，国内国际双循环相互促进为基本内涵；以提升供给体系的创新力和关联性，解决各类瓶颈问题，畅通国民经济循环为基本要求；要把新发展理念贯穿全过程和各领域。构建新发展格局，要以马克思主义经济学生产、分配、交换、消费的相互关系，以及社会总资本再生产等理论作为基础，协调构建新发展格局中各种复杂经济关系。新发展阶段的新发展格局是应对我国经济中长期发展的重要战略部署，这一部署能够实现更高质量、更有效率、更加公平、更可持续、更为安全的经济社会发展，能够实现经济总量增长和经济质量优化的协调发展。构建新发展格局，关键在于经济循环的畅通无阻，最本质的特征是实现高水平的自立自强，必须充分利用和发挥市场资源这个优势，必须具备强大的国内经济循环体系。

我国当前具备全球最完整、最大生产能力的现代化工业体系，拥有 1 亿多市场主体和 14 亿人口形成的超大国内市场，但是仍处于新型工业化、新型城镇化、农业现代化等快速发展阶段。值得注意的是，2020 年 4 月，中共中央出台了《中共中央国务院关于构建更加完善的要素市场化配置体制机制的意见》，文件指出，除了推进要素市场化之外，还要促进各类企业的协同发展，在确保国有企业做大做强的基础上，对内外资企业要一视同仁、平等对待，实现良性发展。在构建新发展格局中，应该坚持扩大内需，着力打通生产、分配、流通、消费等市场环节，充分发挥超大规模市场优势和内需潜力，加快构建完整的内需体系；提升供给主体的创新力和关联性，解决好关键核心技术问题，形成更高水平的供给体系，以高质量的供给引领和创造新需求；推动供给与需求在更高层次和更高水平上实现新的动态均衡，形成强大国内市场，加速构建国内大循环格局。

国内大循环和国际大循环是紧密相关的，是相互促进的。构建国内国际双循环是实现更高水平的开放，具体以扩大内需来促进国内大循环，强大国内市场来推动国际大循环，畅通国际市场来优化国内大循环。过去的国际循环主要是欧美发达国家运用在资本、科技、管理等方面的优势和广大发展中国家利用廉价劳动力和宽松的环境保护制度的基础上发展的以垂直分工为主体的国际经济体系，但是这种国际循环并不利于资源的优化配置和经济收益的合理分配，因而是不可持续的。我国主张的国内国际双循环是将国内市场和国际市场、国内资源与国外资源等有机地联动起来，实现生产要素的高效流动，从而实现国内循环和国际循环的相互促进，推动国内经济和国际经济的更高质量、更高效率、更可持续的发展。

双循环新发展格局就是要从利用国际市场的外循环带动国内经济的内循环转变为通过国内经济内循环的提质升级促进国际市场外循环的优化拓展，以国内有效需求的扩大和需求层次的提升推动国内供给质量的提高，进而以国内供给质量的提高拓展和创造国际市场更高层次的需求，使国内需求层次和供给质量的提升成为经济增长的主要驱动力。充分发挥国内超大规模市场优势和消费的基础性作用，实现供需两方更高水平的动态平衡，形成国内供需良性循环，国内国际双循环更加畅通，推动经济社会的高质量发展。

（三）新发展阶段的供给与需求

新发展阶段的新发展理念和新发展格局是在深刻理解我国当前主要社会矛盾的基础上对国内外发展实践的总结，是对经济社会发展规律的新认识，是在原有发展经济学理论基础上的升华，基于此形成了新发展阶段的经济运行理论框架（见图3-1）。

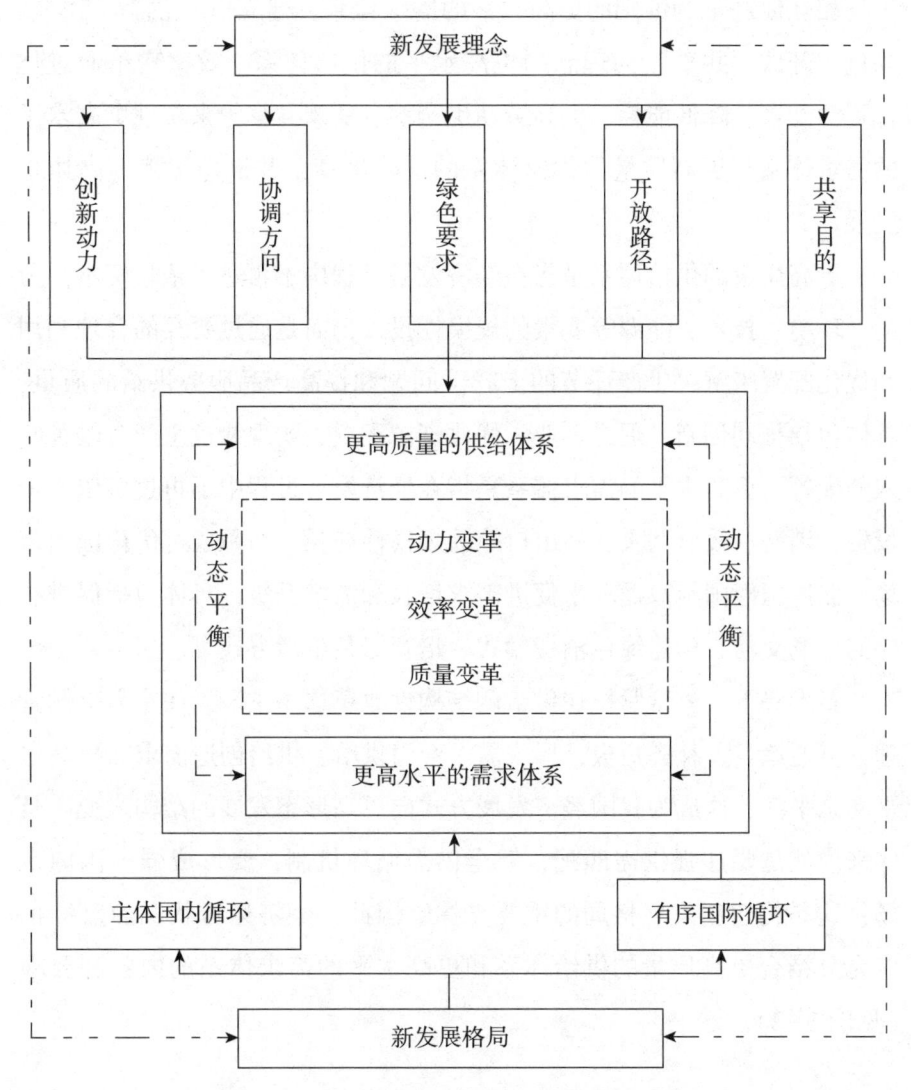

图3-1 新发展阶段的经济运行理论框架

新发展阶段的经济发展要围绕质量变革、效率变革、动力变革来开展，实现更高质量、更有效率、更加公平、更可持续、更为安全的经济发展。动力变革需要打破原有的依靠投资、消费、净出口带动的经济增长模式，质量变革需要打破原有的以加工制造、加工贸易、规模扩张等推动的经济增长模式。这就需要建立以"国内循环为主体、国际国内市场相互促进"为准则的更高水平的需求体系，建立以"创新、协调、绿色、开放、共享"为理念的更高水平的供给体系。效率变革通过优化资源配置、降低能耗、提高劳动生产率、实现共享等来实现更高水平的需求体系与更高质量的供给体系的动态平衡，并推动经济的高质量发展。

更高质量的供给体系是指在经济发展过程中不再过多依赖资本、劳动、环境、技术、能源等要素的规模性投入，而是通过要素的合理利用和优化配置来解决生产环节的卡脖子问题和提高产品服务供给的质量，具体包括推动创新、促进创业、优化资源配置、实现绿色生产、改善收入分配等。更高水平的需求体系是指在经济发展过程中不再过多依赖于投资、消费、政府购买、净出口等的规模性增长，而是通过优化国内市场、促进国内国际双循环来促进需求增长和需求升级，具体包括促进有序的市场交易、构建绿色消费模式、培育绿色生活方式等。

新形势下，要紧紧扭住供给侧结构性改革这条主线，注重需求侧管理，打通堵点，补齐短板，形成需求牵引供给、供给创造需求的更高水平动态平衡，这成为我国经济发展方式向更高形态发展的结构之变。具体来说就是要加强供需匹配，健全供需循环机制，要形成强大国内市场，这是构建新发展格局的重要支撑。因此，经济运行状况的监测也应充分结合更高质量的供给体系和更高水平的需求体系的内容和要求（见图3-2）。

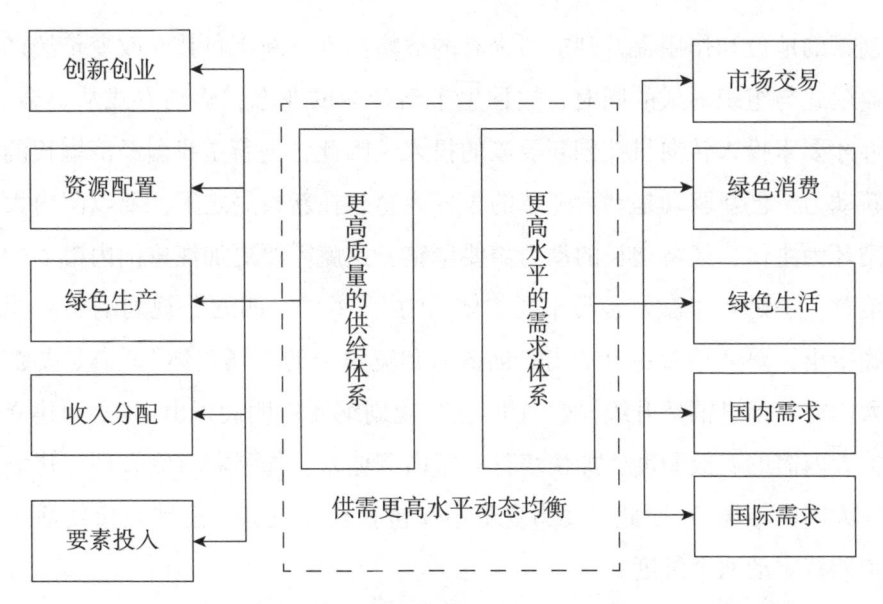

图 3-2　供需更高水平动态均衡

二、新发展阶段的三大变革

党的十九大报告明确指出："必须坚持质量第一、效益优先，以供给侧结构性改革为主线，推动经济发展质量变革、效率变革、动力变革，提高全要素生产率，着力加快建设实体经济、科技创新、现代金融、人力资源协同发展的产业体系，着力构建市场机制有效、微观主体有活力、宏观调控有度的经济体制，不断增强我国经济创新力和竞争力。"由此可见，实现经济发展的质量变革、效率变革、动力变革，是建设现代化经济体系的必然要求，是提高全要素生产率、提升经济活力和竞争力的基础。因此，以三大变革为切入点，可以有效地分析经济运行状况。

（一）新发展阶段推动动力变革

动力变革是高质量发展的基础。动力变革是指经济发展动力的变化调整。产业发展动力变革，是激发产业扩大规模并驱动产业结构优化升级的关键要素。党的十九届五中全会提出，加快建设科技强国，把科技创新的地位和作用提升到前所未有的战略高度。新兴科技在改变传统产业模式与组织形式的同时，也催生了新产业的业态，驱动方式从资金、人才要素投入转向科技创新要素的投入。因此，创新是我国经济增长的新动力，创新驱动是动力变革的主要内容。在新格局之下，要以国内大循环为主体，经济增长的动力需要调整，这就需要更加注重国内市场的培育，一是要"激发各类市场主体活力"。《"十四五"规划纲要》明确指出，要"培育更有活力、创造力和竞争力的市场主体"。二是要扩大内需，促进消费升级。《"十四五"规划纲要》明确指出："必须建立扩大内需的有效制度，加快培育完整内需体系，加强需求侧管理，建设强大国内市场。"因此，动力变革不仅包括科技创新，还涉及市场活力和消费驱动两个维度。

中国目前正处于新旧动能转换时期，劳动成本上升，资本回报率下降，创新活动在经济发展中的作用日益增强。我国应通过强化技术创新能力，推进技术改造等方式促进旧动能技术向新动能技术的转换，实现产业结构与动能转换的合理匹配，协调创新活动与生产活动，促使当地新动能技术发挥经济效应。陈刚等（2014）基于科技创新驱动的要素重组、产业结构升级和需求结构优化三个视角，研究了科技创新支撑经济发展方式转变的动力机制。黄琨和肖光恩（2016）认为增强市场活力，既是建立开放型经济体系的主要内容之一，也是深化经济开放发展的基础。王英俭和陈套（2018）就"创新是第一动力，人才是第一资源"的深刻内涵和逻辑进行了阐释，并提出以高质量科技创新成果供给支撑经济高质量发展，充分发挥创新的战略支撑作用。肖宏伟和牛犁（2021）认为我国应从深入实施创新驱动发展战略、促进三大需求协调拉动、加快构建现代产业体系、全面深化改革扩大开放等方面着手，切实推动我国经济发展动力变革，为顺利实现"十四五"规划和2035年远景经济发展目标提供动力支撑。张晓林（2021）认为我国要围绕经济社会的短板弱项推进改革发展，这是高质量发展的空间和潜力。突出创新在全局的核心位置，以改革促创新，以改革创新带动全面创新。除科技创新要素外，沈立等（2020）提出市场活力对提升可持续竞争力至关重要，且创新能力和市场活力对可持续竞争力的影响具有区域异质性。娄梦月（2021）认为活跃的市场主体不仅是提供就业岗位的主力军，而且是促进经济高质量发展的载体，在促进经济高质量发展的新形势下需要充分激发市场活力。在消费驱动方面，洪银兴（2013）提出消费需求拉动经济增长实质上是以增加人民收入和提高人民消费水平为导向，体现以人为本的经济发展；匡贤明（2015）认为消费释放带来的社会公平成为经济增长的重要动力，奠定共享发展的基础；李鹏（2019）提出消费拉动是产业转型升级、经济高质量发展不可或缺的外部动力。因此，动力变革应该包括科技创新、市场活力、消费拉动等3个要素，加速实现新旧动能转化。

（二）新发展阶段推动质量变革

质量变革，小到提升产品和服务质量，大到全面提高国民经济各行业、各领域的质量，这是一场从理念、目标、制度到具体领域的全方位变革。质量变革要求持续优化产业结构，提升区域产业体系质量，具体包括产业结构高级化、高效化等内容。郑江淮和冉征（2021）认为新旧动能技术转换的重点在于打通技术创新与市场化之间的通道，新旧动能转换已成为中国经济高质量发展的必由之路。关于经济增长动能问题提出最早的为亚当·斯密的《国富论》，此后很多学者在传统经济增长理论层面上对劳动、资本和土地要素进行了多维分析（Harrod，1939；Krugma，1994；Young，2003）。随着经济增长理论的进一步发展，逐渐发现技术进步是经济增长的决定要素，Aiyar等人（2013）发现许多发展中国家经济增长面临着新旧动能转换问题。李婧（2021）认为对外贸易动能转换有利于形成产业竞争优势，且能够和国内消费市场培育产生显著的正向联动效果。为此，需进一步推动我国对外贸易动能转换，以国内消费市场培育为基础，加快形成我国对外贸易产业的竞争优势，实现国内国际双循环的良性发展。另外，发展高新技术产业的同时兼顾传统产业和传统动能技术，发挥其在经济发展中的重要性，在保证技术进步的基础上逐渐向技术领域转变,形成地区之间在技术领域的优势互补局面。

质量变革作为经济运行的主体,应该从市场主体质量、双循环市场格局和产业结构优化升级等3个部分实现"提质增效"。市场主体质量是经济运行质量的微观基础。吴刚等(2018)认为市场主体是国民经济发展的基础单元,培育壮大市场主体、提升市场主体成长力是夯实全面建成小康社会的基础支撑。贾俊飞(2020)认为市场主体都是国家发展和人民生活需要的供给主体,其有效供给能力决定着每一个市场主体的发展质量和对供给产业链的服务水平,同时也决定着国内国际双循环新发展格局的质量和效率。构建发展新格局,要以国内大循环为主体,国内国际双循环相互促进为基本内涵。徐奇渊(2020)认为双循环新发展格局从供求互动出发,同时又超出了简单的供求关系,扩展到了生产、分配、流通、消费各个环节。马健瑞等(2020)提出从现实发展的要求来看,国内外经济循环的长期分离迫切需要我们构建"双循环"相互促进的新发展格局,充分打通国内循环的堵点和内外循环互动的节点,促进要素在更大范围内的优化配置。产业结构优化升级是经济高质量发展的动力之一。钟肖英和谢如鹤(2021)研究发现产业结构合理化会推动中国经济增长方式转变,推进产业结构高度化,破除城市间要素流动障碍,发挥空间联动作用,发挥资本、劳动力等要素资源空间联动效应,实现中国经济向高质量发展阶段的跨越。丁迈琳(2020)基于产业结构合理化和产业结构高级化,研究产业结构合理化和产业结构高级化对经济高质量发展的影响,发现产业结构合理化和产业结构高级化都能够对地区经济增长质量产生正向影响。

(三)新发展阶段推动效率变革

效率变革,是实现高质量发展的核心。效率变革即以既定的资源投入与科技投入获得最大的产出。依据经济发展的客观规律,全要素、生产率提高是经济增长速度与经济增长质量的重要决定因素。提高全要素生产率,就要调动各类要素的积极性、主动性、创造性。郭涛和孙玉阳

（2021）研究发现适度的环境规制设计可以促进企业高质量发展，限制落后产能，倒逼企业技术创新，改善资源配置状况，促进生产率的提高，为高质量发展提供良好的外部环境。在我国经济高质量发展的过程中，全要素生产率的提升是效率变革的重点。

效率变革应该通过优化要素投入、提升产出水平、实现环境友好型发展等3个方面来驱动全要素增长。投入效率是指经济运行中要素资源的使用状态。陈诗一和刘文杰（2021）认为要素扭曲配置会导致全要素生产率对经济增长的贡献降低，要素市场化改革是当前和未来我国经济向高质量发展转型的必由之路。常文（2019）研究发现，全要素生产率的提升能显著促进经济高质量发展，但只有政府干预力度达到阈值时，全要素生产率对经济高质量发展才能产生显著的促进作用。经济产出效率是经济产出的边际成本效率或经济产出可以增加的份额。于斌斌（2015）研究发现全要素生产率提升成为中国城市经济增长的新动力。税收产出效率是税收产出的边际成本效益或税收可以增加的份额。杨卫华（2005）认为提高税收效率可以在税收收益不变的情况下，通过降低税收成本来实现。环境效率是指经济运行中消耗自然资源或排放污染的状况。陈黎明等（2015）提出经济效率反映投入资源创造经济价值的效率，而环境效率反映了以污染物排放为环境代价产出产品和服务的效率，可以衡量经济增长对环境友好的程度。

三、新发展阶段的税收经济运行指数

在三大重要变革中，动力变革是基础，在传统经济动力不断减弱的背景下需要重新培育经济发展新动力、新优势，经济发展的驱动力要向创新驱动转变；质量变革是主体，既包括微观层面提高产品质量和服务质量，也包括宏观层面关系国计民生的各个领域发展水平；效率变革是主线，也是提升我国经济竞争力的关键和实现高质量发展的支撑，要求破除制约效率提升的各种体制机制障碍，提高各领域投入产出比，实现以既定投入获取最大产出的集约化发展。推进三大变革的根本目的是提

高全要素生产率，不断增强我国经济创新力和竞争力，从而为实现"两个一百年"奋斗目标构筑坚实基础。遵照《中共中央关于制定国民经济和社会发展第十四个五年规划和二〇三五年远景目标的建议》，以建立"更高质量、更有效率、更加公平、更可持续、更为安全"的现代化经济体系为目标，以推动"质量变革、效率变革、动力变革"为出发点，本课题基于税收大数据构建可以反映新发展阶段经济运行特征的经济运行指数，具体包括"运行动力、运行质量、运行效率"等三个要素（见图3-3）。

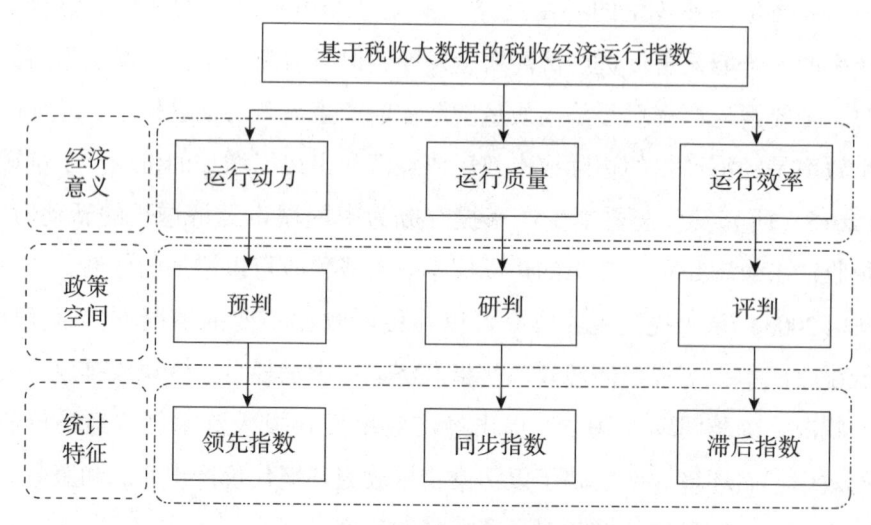

图 3-3 税收经济运行指数的构成

运行动力是指在经济运行中推进新发展阶段的"动力变革"。中国特色社会主义进入新时代，我国社会的主要矛盾已经转变为不平衡不充分发展不能满足人民对美好生活的向往，新发展理念要求经济动力要符合"创新、协调、绿色、开放、共享"的方向。动力变革就是将传统要素驱动转变为科技创新、市场活力、促进消费等为主要内容的包容性增长方式，实现以提升科技创新能力来引领发展方向，以繁荣市场活力来激活发展资源，以优化消费需求来推动产业升级。运行动力具有明确的先导性，可以反映经济发展方式的调整。因此，运行动力指数是新发展阶段经济发展的"预判指标"和"先行指数"。

运行质量是指在经济运行中推进新发展阶段的"质量变革"。在新发展阶段，人民对美好生活的向往着力于提升人民的获得感、安全感、体验感，而更高质量的供给体系能够为人民提供更高质量的产品和服务，从而培育人民的绿色消费习惯和提升人民的生活质量。运行质量以强化企业运营能力为支撑点，以优化产业结构和提升产业技术为关键点，以国内大循环为主体为重力点，以促进国内国际双循环为协调点。质量变革是经济运行的主体，是经济高质量发展的基础，因此，运行质量指数成为新发展阶段经济发展的"研判指标"和"同步指数"。

运行效率是指在经济运行中推进新发展阶段的"效率变革"。在新发展阶段，经济的高质量发展要求破除各种机制障碍，促进人才、技术、劳动、资本、土地等生产要素的合理流动和优化组合，协调产业链体系中的生产分工和利益分配，推动经济发展向更可持续、更加安全、更加惠及民生的方向转变。效率变革有助于实现更高质量供给体系和更高水平需求体系动态平衡。运行效率立足于企业生产和人民生活，连接资源配置和收入分配，平衡物质产出和环境效应，因此，经济运行效率指数成为新发展阶段经济发展的"评判指标"和"滞后指数"。

第四章 税收经济运行指数指标体系

一、税收经济运行动力指数构成

（一）运行动力指数的要素

运行动力指数是经济运行指数的"预判指数"和"领先指数"。基于新发展理念，科技创新代表动力变革的方向，市场活力代表运行动力的源泉，消费驱动代表运行动力变革的基础。运行动力指数具体包括科技创新、市场活力、消费驱动3个二级要素，包括科技主体、创新能力、创业活动、主体发展、市场交易、消费产业规模和消费产业升级等7个支撑点（见图4-1）。

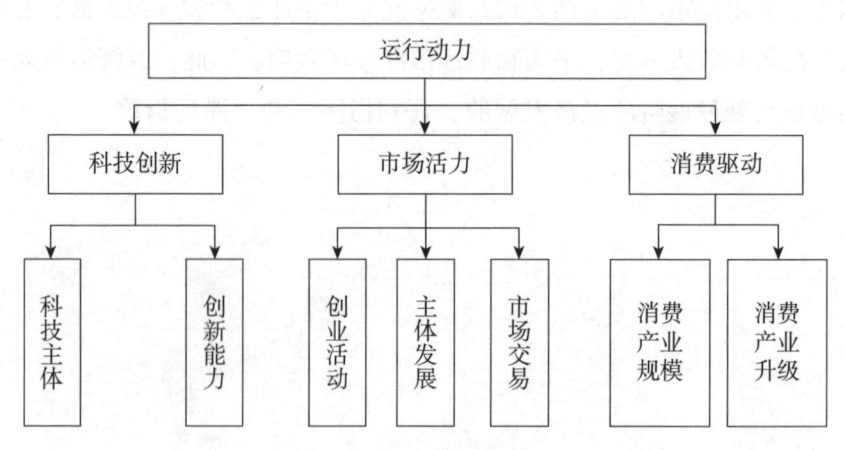

图4-1 运行动力指数的指标层次结构

（二）科技创新要素的支撑点

科技创新是指企业在生产活动中发明新材料、拓展新市场、开发新产品、改造生产工艺、优化资源投资等一系列创新性生产活动，是推动高质量发展的核心支撑力。因此，结合税收大数据的特点，从科技主体和创新能力两个维度来刻画科技创新（见表4-1）。

表4-1 科技创新要素的支撑点

要素	支撑点	测量指标
科技创新	科技主体	1. 工业部门科技主体成长度 2. 服务业部门科技主体成长度
	创新能力	1. 工业部门创新活力 2. 服务业部门创新活力

科技主体是科技创新的载体，是指研发投入强度相对较高的工业行业市场主体或采用高技术手段为社会提供服务活动的服务业市场主体。工业部门科技主体按照《高技术产业（制造业）分类（2017）》包括医药制造、航空航天器及设备制造、电子及通信设备制造、计算机及办公设备制造、医疗仪器设备及仪器仪表制造、信息化学品制造等6类行业市场主体。服务业部门科技主体按照《高技术产业（服务业）分类（2018）》包括信息服务、电子商务服务、检验检测服务、专业技术服务业中的高技术服务、研发与设计服务、科技成果转化服务、知识产权及相关法律服务、环境监测及治理服务、其他高技术服务等9类行业市场主体。

科技主体采用工业部门科技主体成长度和服务业部门科技主体成长度来进行测算。工业部门科技主体成长度是指单位工业经济活动中高技术制造业市场主体数量，具体采用一个地区在当年年底高技术制造业市场主体与工业增加值的比值来进行测量。服务业部门科技主体成长度是指单位服务业经济活动中高技术服务业市场主体的数量，具体采用一个地区在当年年底高技术服务业市场主体与服务业增加值的比值来进行测量。

创新能力是科技创新的表现，是指工业市场主体通过科技研发来开发新产品和新材料或运用高新技术改良生产工艺等的市场价值，或服务业市场主体运用高技术手段提供服务的市场价值。市场主体开发新产品、研究新技术、占领新市场的能力采用工业部门创新活力和服务业部门创新活力来测算。工业部门创新活力是指单位工业经济活动中高技术制造业经济产出，具体采用一个地区在一年内高技术制造业市场主体销售收入与工业增加值的比值测量。服务业部门创新活力是指单位服务业经济活动中高技术服务业经济产出，具体采用一个地区在当年年底高技术服务业销售额与服务业增加值的比值测量。

（三）市场活力要素的支撑点

市场活力是指市场主体通过创业、运营、交易等一系列活动来优化资源配置和提高资源利用效能，是经济运行动力的基础支撑力。基于《中华人民共和国国民经济和社会发展第十四个五年计划和二〇三五年远景目标纲要》（简称国家《"十四五"规划纲要》），提高市场活力要"培育更有活力、创造力和竞争力的市场主体"和形成"优化创新创业生态"，因此市场活力要素包括创业活动、主体发展和市场交易等支撑点（见表4-2）。

表4-2 市场活力要素的支撑点

要素	支撑点	测量指标
市场活力	创业活动	1. 企业市场主体创业活跃度 2. 灵活就业主体创业活跃度
	主体发展	1. 市场主体成长度 2. 企业盈利面 3. 市场主体退出率
	市场交易	1. 市场主体交易活跃度 2. 市场主体交易规模

创业活动是市场活力的承载力，是指企业家或创业者运用已有资源或可利用的资源，依靠组织、计划、控制、协调、创新等能力建立企业市场主体、个人市场主体等的活动。创业活动采用企业市场主体创业活

跃度、灵活就业主体创业活跃度等指标度量。企业市场主体创业活跃度是指单位经济活动中企业市场主体的规模，具体采用一个地区在当年年底企业市场主体数量与该地区当年地区生产总值的比值来进行测量。灵活就业主体活跃度是指单位经济活动中灵活就业主体的规模，具体采用一个地区在当年年底个体工商户户数与该地区当年地区生产总值的比值来进行测量。

主体发展是市场活力的发展度，是企业市场主体或个体市场主体通过产品研发、生产运营、市场营销、财务管理等达到持续经营的目标。主体发展采用市场退出率、市场主体成长度、企业盈利面等指标来测量。市场退出率是指市场主体退出经营活动的情况，具体采用一个地区在当年年底每百户市场主体中注销市场主体户数来进行测量。市场主体成长度是指市场主体达到一定经营规模并能持续经营的状态，具体采用一个地区在当年年底的一般纳税人户数与全部市场主体的比值来进行测量。企业盈利面是指市场主体在生产经营过程中达到盈利的比例，具体采用一个地区在当年年底实现盈利的一般纳税人户数与一般纳税人总户数的比值来进行测量。

市场交易是市场活力的繁荣度，是指市场主体按市场交易原则提供商品或劳务并实现货币价值的过程。税收大数据中的发票开具或取得为测量市场交易提供更加具体的基础数据，发票开具是指市场主体在销售商品或提供劳务时向付款方开具的证明商品所有权转移或服务发生的行为，发票取得是指市场主体在购买商品或劳务时收到收款方开具的证明商品所有权转移或劳务发生的行为。市场交易采用市场主体交易活跃度、市场主体交易规模等指标来测量。市场主体交易活跃度描述市场主体参与市场交易的频次，具体采用一个地区在当年内市场主体开具或取得发票的平均次数来测量。市场主体交易规模描述市场主体参与市场交易的交易额度，具体采用一个地区在当年内市场主体开具或取得发票的平均金额来测量。

（四）消费驱动要素的支撑点

消费驱动是经济发展的重要动力，其规模扩大和结构升级成为新发展时期经济发展的重要组成部分。国家《"十四五"规划纲要》明确指出："深入实施扩大内需战略，增强消费对经济发展的基础性作用和投资对优化供给结构的关键性作用，建设消费和投资需求旺盛的强大国内市场。"结合税收大数据的特点，消费驱动要素具体包括消费产业规模和消费产业升级等支撑点（见表4-3）。

表4-3 消费驱动要素的支撑点

要素	支撑点	测量指标
消费驱动	消费产业规模	1. 消费品制造业规模 2. 生活服务业规模
	消费产业升级	1. 生活与互联网服务消费 2. 教育文化服务消费 3. 旅游出行服务消费

消费产业主要包括消费品制造业和生活服务业。消费品制造业按照国民经济行业分类包括农副食品、食品、酒饮料和精制茶、烟草、纺织业、纺织服装、皮革毛皮羽毛及其制品和制鞋业、家具、造纸和纸制品、印刷和记录媒介复制业、文教工美体育和娱乐用品制造业、医药、化学纤维等13个大类行业。生活性服务业按照《生活性服务业统计分类（2019）》包括居民和家庭服务、健康服务、养老服务、旅游游览和娱乐服务、体育服务、文化服务、居民零售和互联网销售服务、居民出行服务、住宿餐饮服务、教育培训服务、居民住房服务和其他生活性服务等12个大类行业。

消费产业规模是指消费品制造业、生活性服务业等提供的商品或劳务能够满足社会消费的情况。消费产业规模采用消费品制造业规模、生活性服务业规模等来进行测量。消费品制造业规模是指消费品制造业提供的商品满足社会消费的水平，具体采用一个地区的消费品制造业企业在一年内的销售收入与当年年底就业人口①的比值来测算。生活性服务业规模是指生活性服务业提供的生活服务满足居民消费的水平，具体采用一个地区的生活性服务业企业在一年内的销售收入与当年年底就业人口的比值来测算。

消费产业升级是指与居民消费结构演变相适应的消费产业结构的优化，我国当前消费结构正处于从商品消费向服务消费、从服务消费向现代服务消费转变的关键时期，因此从教育、娱乐、旅游等角度来描述消费产业升级是合理的。消费产业升级采用生活与互联网服务消费、教育文化服务消费、旅游出行服务消费等指标来测量。生活与互联网服务消费描述居民服务消费的持续性、智能化、社群性等趋势，具体采用一个地区的居民零售和互联网销售服务业企业在一年内的销售收入与当年年底就业人口的比值来测量。教育文化服务消费描述居民服务消费的知识化趋势，具体采用一个地区的教育培训、文化、体育等服务业企业在一年内的销售收入与当年年底就业人口的比值来测量。旅游出行服务消费描述居民服务消费的多元化、社交化等趋势，具体采用一个地区的旅游游览和娱乐、居民出行、住宿餐饮等服务业企业在一年内的销售收入与当年年底就业人口的比值来测量。

二、税收经济运行质量指数构成

（一）运行质量指数的要素

运行质量指数是经济运行指数的"研判指数"和"同步指数"，是经济运行的重要内容。结合新发展格局和五大发展理念，运行质量指数包括主体运营、循环格局、结构优化等3个要素，包括营运能力、纳税能力、国内贸易、对外开放、产业结构高级化、产业结构高效化等6个支撑点，其指标层次结构（见图4-2）。

---

① 本研究采用产业经济视角，消费驱动中相关指标以就业人口而不是常住人口为权重，其主要原因是常住人口也包括在当地居住超过6个月以上的流动人口，从而导致人口统计偏差。就业人口是真实意义上一个地区的经济活动人口的重要组成部分（经济活动人口还包括失业人口），更适应于与产业经济分析相关的指标构建。

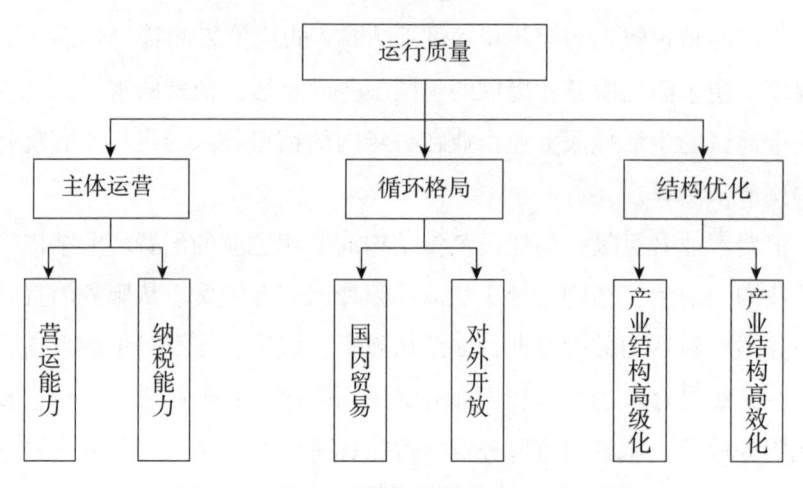

图 4-2 运行质量指数的指标层次结构

主体运营是经济运行质量的微观基础,主要包括市场主体的盈利能力、风险控制能力、税收贡献能力等方面。循环格局是经济运行质量的空间环境,包括国内贸易和对外开放两个维度,国内国际循环是否畅通是对高质量发展的检验。结构优化是经济运行质量的基本要求,不同发展阶段经济结构呈现不同特征,合理的产业结构是经济运行质量的集中体现。这 3 个要素从个体到总体,从量到质,能够较全面合理地反映出经济运行质量状况。

(二) 主体运营要素的支撑点

主体运营是指企业、个体等微观经济主体在市场环境中开展技术研发、生产经营、市场销售、财务管理等一系列经济活动的综合表现。微观经济主体经济活动的总体表现决定着区域经济的技术创新能力、资源配置合理度、经济产出分配状况等,决定着区域经济主体产业竞争力、在产业链的分工位置、在价值链的效益分配等,是促进更高质量供给体系和更高水平需求体系动态平衡的基础载体。传统的管理理论主要从企业偿债能力、营运能力、盈利能力等角度来描述企业主体运营状况,但是这并不适合于评价作为经济运行质量的主体运营要素。运行质量中的主体运营不仅将企业、个体等经济主体作为独立的经济单位，而且作为经济社会系统的有机组成部分。经济单位不仅通过生产经营活动来获取持续利润，而且应该通过纳税活动为社会公共品供给提供支持，因此运行质量中的主体运营包括营运能力、纳税能力等支撑点（见表4-4）。

表4-4 主体运营要素的支撑点

要素	支撑点	测量指标
主体运营	营运能力	1. 存货周转率 2. 流动比率 3. 资产负债率
	纳税能力	1. 增值税税收贡献率 2. 所得税税收贡献率 3. 单位资产税收贡献率

营运能力是指企业、个体等微观经济主体运用流动资产、固定资产资产等进行生产经营的效能。公司治理视角下的企业经营能力包括偿债能力、盈利能力、资产周转能力等变量，具体采用存货周转率、流动比率、速动比率、营业利润率、总资产周转率等指标来进行测量。结合税收大数据的特征和产业组织理论，营运能力支撑点用存货周转率、流动比率、资产负债率等指标来测量。存货周转率在微观意义上描述企业、个体等经济单位的存货管理水平，在宏观意义上是指区域经济内生产运营是否处于市场出清状态，具体采用一个地区的一般纳税人企业在一年内的主营业务收入与当年年底存货的比值来测量。流动比率在微观意义上描述企业、个体等经济单位在一定时期内将流动资产变现用以偿还到期债务的能力，在宏观意义上是指区域经济内生产经营在短期内是否存在较大金融风险，具体采用一个地区的一般纳税人企业在当年年底的流动资产与流动负债的比值来测量。资产负债率在微观意义上是指企业、个体等经济单位运用信贷资金进行经营活动的能力，在宏观意义上是指区域经济在长期内是否存在较大

金融风险，具体采用一个地区的一般纳税人企业在当年年底的总负债与总资产的比值来测量。

纳税能力是指企业、个体等经济单位在生产经营过程中按照《中华人民共和国税法》缴纳税款的能力，是经济运行中提供公共物品或公共服务的重要保障。纳税能力与税收负担是紧密联系的，税收负担是指纳税行为对企业经营活动带来的影响，纳税能力是保障政府收入与公共物品供给的基础，因此在经济运行质量中更应该关注纳税能力。纳税能力支撑点由增值税税收贡献率、所得税税收贡献率、单位资产税收贡献率等测量指标来反映。增值税税后贡献率在微观意义上描述企业在生产经营过程中承担的税收负担程度，在宏观意义上是指经济运行中流转活动贡献税收收入的能力，具体采用一个地区在一年内的增值税税收收入与地区生产总值的比重来测算。所得税税收贡献率在微观意义上描述企业生产经营结果承担的税收负担程度，在宏观意义上是经济运行中生产经营结果贡献税收收入的能力，具体采用一个地区在一年内的所得税税收收入与地区生产总值的比值来测算。单位资产税收贡献率是指企业、个人等经济单位运用流动资产、固定资产等提供税收的能力，具体采用一个地区的一般纳税人在一年内缴纳的税款与当年年底一般纳税人总资产的比值来测算。

（三）循环格局要素的支撑点

循环格局是经济运行的空间环境。循环格局是以新发展格局为基准，是促进高质量发展的必然要求，是建设稳定高效的产业链供应链的基础，是实现高水平供需动态均衡的重要途径。循环格局意味着区域经济发展应该利用国内国际等市场的资源，充分发挥内部循环的资源禀赋并融合外部循环的环境优势，实现国内国际市场的协调发展。循环格局要素包括国内贸易和对外开放支撑点（见表4-5）。

表 4-5　循环格局要素的支撑点

要素	支撑点	测量指标
循环格局	国内贸易	1. 区域经济外向性指数 2. 区域经济内向性指数
	对外开放	1. 外资市场主体税收 2. 外资市场主体规模 3. 外资市场主体数量

国内贸易是指区域内经济单位参与关境内市场交易的状况。在新发展格局中，国内大循环意味着关境内已经形成相对完善的产业链、更加合理的产业分工、更加有效的价值链共享机制。区域内经济单位通过参与关境内市场交易能够有效发挥区域内的资源优势，提高劳动、资本、自然资源等要素的生产率。国内贸易支撑点由区域经济外向性指数和区域经济内向性指数两个指标来测量。区域经济外向性指数是以省级单位为观测点来描述省内经济单位参与省外市场交易的情况，从而反映省内经济运行与国内经济运行的循环通畅程度，具体采用一个地区的经济单位在一年内对省外经济单位开具或取得发票金额与当年年底市场主体数量的比值来测算。区域经济内向性指数是指以省级单位为观测点描述省内经济单位参与省内市场交易的情况，反映省内经济单元形成重点产业链的完善程度，具体采用一个地区的经济单位在一年内对省内经济单位开具或取得发票金额与当年年底市场主体数量的比值来测算。

对外开放是指区域经济与国际经济的联系程度，描述区域内产业链与国际产业链的合作，体现区域内价值链与国际价值链的互补。在新发展阶段，对外开放不仅意味着国内市场主体参与国际贸易，而且更着重于国际产业链与区域内产业链的相互拉动与相互补充。对外开放支撑点采用外资市场主体税收、外资市场主体规模、外资市场主体数量等指标来测量。外资市场主体税收从税收视角来测度国内市场与国际市场的联系，具体采用一个地区来自关境外的经济单位所缴纳的税收占总税收的比重来测算。外资市场主体规模是从生产经营视角来描述国内市场与国际市场的联系，具体采用一个地区来自关境外的经济单位的营业收入占总营业收入的比重来测算。外资市场主体数量是从经济单位视角来描述国内市场与国际市场的联系，具体采用一个地区来自关境外的市场主体户数占总市场主体户数的比重来测算。

（四）结构优化要素的支撑点

结构优化是指经济总体中不同类型行业构成的升级与协调，经济结构决定着经济质量并影响着经济效率。结构优化集中体现在产业结构方面，产业结构是指国民经济各产业在社会再生产过程中的生产、技术联系和数量比例关系，集中体现了一国或地区的经济发展水平。产业结构的优化升级作为经济增长的基础和动力，其结构优化对经济发展产生了持续的推动作用。好的产业结构是未来经济发展的基础、动力和关键因素，优化升级产业结构是转变经济增长方式的关键环节。结构优化要素通过产业结构高级化和产业结构高效化支撑点来测量（见表 4-6）。

表 4-6　结构优化要素的支撑点

要素	支撑点	测量指标
结构优化	产业结构高级化	1. 工业部门高级化 2. 服务业部门高级化
	产业结构高效化	1. 工业部门高效化 2. 服务业部门高效化

产业结构高级化是指产业内具有较高增长速度、较高产业基数、较高附加值等特征的行业的份额呈现出增长状态。产业结构中各行业都会经历从高速增长到低速增长或负增长、从高附加值到低附加值、从高技术水平到低技术水平的动态演变。因此，产业结构高级化一方面要适应

结构演化规律；另一方面要通过产业政策来为产业结构高度化进程提速。国家《"十四五"规划纲要》明确提出推进产业基础高级化和产业链现代化、推进先进制造业集群发展、加快发展专业化生产性服务业和高品质生活性服务业的发展。因此，产业结构应该朝着高级化方向发展，制造业中高技术制造业的比重需要稳步提升，服务业中高技术服务业份额需要明显增长。

产业结构高级化支撑点由工业部门高级化和服务业部门高级化指标来测量。工业部门高级化是指工业部门向着高技术方向发展，实现经济效率的高附加值和产品结构的高端化，具体采用一个地区的高技术制造业企业在一年内的销售额占工业部门总销售额的份额来测量。服务业部门高级化是指服务业部门发展向着专业化、数字化、高品质等方向，推进生产性服务业与先进制造业的协调发展，并实现生活性服务业与居民高品质消费等的融合发展，具体采用一个地区的高技术服务业企业在一年内的销售额占服务业部门总销售额的份额来测量。

产业结构高效化作为结构优化的目标，要求生产效率偏低行业的份额持续下降以优化产业间资源配置，各个行业的生产技术和生产工艺不断优化以提高产业总体经济效益，产业结构变动与区域资源禀赋相适应以实现长期可持续发展。《中共河南省委关于制定"十四五"规划和二〇三五年远景目标的建议》明确河南省要立足产业基础和比较优势打造装备制造、绿色食品、电子制造、先进金属材料、新型建材、现代轻纺等6个战略支柱产业链，并且加快建设现代服务业强省。因此产业结构高效化应该促进工业部门中战略支柱相关产业的发展和服务业部门中现代服务业的发展。

产业结构高效化支撑点由工业部门高效化、服务业部门高效化等指标来测量。工业部门高效化是指推动战略支柱产业集群相关制造业行业的发展，主要包括农副食品加工、食品制造、饮料制造、纺织、纺织服装、鞋、帽制造、通用设备制造、专用设备制造、交通运输设备制造、电气机械及器材制造、通信设备、计算机及其他电子设备制造、仪器仪表，文化，办公用机械制造等 11 个大类行业的发展。工业部门高效化采用一个地区的 11 个战略支柱产业相关行业企业在一年内的销售额与工业部门总销售额的比重来测量。服务业部门高效化着力推进现代服务业的发展，主要包括电信和其他信息传输服务，计算机服务，软件，银行，证券，保险，其他金融活动，商务服务，研究与试验发展，专业技术服务，科技交流和推广服务，地质勘查，环境管理，教育，卫生，社会保障，新闻出版，广播、电视、电影和音像，文化艺术，体育，娱乐等 21 个大类行业。服务业部门高效化具体采用一个地区的 21 个现代服务业行业企业在一年内的销售额与服务业部门总销售额的比重来测量。

三、税收经济运行效率指数构成

（一）运行效率的要素

运行效率是指在经济运行中推进新发展阶段的"效率变革"。在新发展时期，经济的发展模式已经从"高速增长"阶段转向"高质量发展"阶段，从要素规模驱动型经济发展转向全要素驱动，因此经济运行效率评价也从传统的单要素生产率转向全要素生产率。新发展理念对经济运行提出了新的要求：①实现经济发展的集约化，在给定资源约束条件下通过创新、协调、开放等机制来优化产出水平，从而提升要素生产率；②实现经济发展的绿色化，即改变生产过程中的"高投入、高消耗、高排放"问题，从而提高环境质量；③实现经济发展的共享化，即在经济产出分配的过程中注重提高居民福祉和改善公共品供给。因此，结合新发展格局和五大发展理念，经济运行效率包括投入效率、产出效率、环境效率等 3 个二级要素。具体来看，经济运行效率可通过劳动效率、资本效率、经济产出效率、税收产出效率、能源使用效率及污染排放效率等 6 个支撑点来进行测算（见图 4-3）。

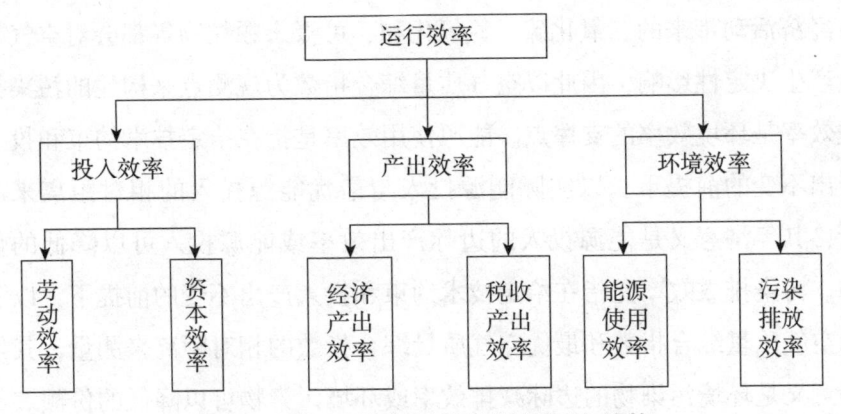

```
                    ┌──────────┐
                    │  运行效率  │
                    └──────────┘
          ┌────────────┼────────────┐
     ┌────────┐   ┌────────┐   ┌────────┐
     │ 投入效率 │   │ 产出效率 │   │ 环境效率 │
     └────────┘   └────────┘   └────────┘
      ┌───┴───┐    ┌───┴───┐    ┌───┴───┐
   ┌────┐ ┌────┐ ┌────┐ ┌────┐ ┌────┐ ┌────┐
   │劳动│ │资本│ │经济│ │税收│ │能源│ │污染│
   │效率│ │效率│ │产出│ │产出│ │使用│ │排放│
   │    │ │    │ │效率│ │效率│ │效率│ │效率│
   └────┘ └────┘ └────┘ └────┘ └────┘ └────┘
```

图 4-3 运行效率指数的指标层次结构

投入效率是指经济运行中要素资源的使用状态，具体包括劳动效率、资本效率等两个支撑点。劳动效率是指在给定技术约束和其他投入与产出不变的前提下，以实际劳动投入与最优劳动投入之间的相对距离来进行测度，其经济意义是劳动的边际生产效率或劳动投入可以节约的份额。资本效率是指在给定技术约束和其他投入与产出不变的前提下，以实际资本投入与最有资本投入之间的相对距离来进行测度，其经济意义是资本的边际生产效率或资本投入可以节约的份额。

产出效率是指经济运行中的经济单元运用投入要素来生产各种产出的效率，具体可以通过经济产出效率和税收产出效率两个支撑点来测算。经济产出效率是指在给定技术约束和其他投入产出不变的前提下，以经济产出相对于生产前沿面的相对距离来进行测度，其经济意义是经济产出的边际成本效率或经济产出可以增加的份额。税收产出效率是指在给定技术约束和其他投入产出不变的前提下，以税收产出相对于生产前沿面的相对距离来进行测度，其经济意义是税收产出的边际成本效率或税收产出可以增加的份额。

环境效率是指经济运行中消耗自然资源或排放污染的状况。由于能源是经济活动中最重要也最具有要素关联性的自然资源，因此能源使用效率是环境效率的支撑点。由于空气质量是与经济活动紧密相关的，并且经济活动带来的二氧化硫、氮氧化物、可吸入颗粒物等都会对空气质量产生决定性影响，因此以空气质量综合指数为观测点来构建的污染排放效率是环境效率的支撑点。能源使用效率是指在给定技术约束和投入产出不变的前提下，以实际能源投入与最优能源投入的相对距离来测量，其经济意义是能源投入的边际产出效率或能源投入可以降低的份额。污染排放效率是指在给定技术约束和投入产出不变的前提下，以实际空气质量综合指数和最优空气质量综合指数的相对距离来测量，其经济意义是环境污染物的边际减排效率或环境污染物可以降低的份额。

（二）运行效率的测度模型

经济运行效率可以用方向性距离函数和非参数数据包络分析方法建模和测算。首先假设经济单元使用劳动、资本、能源等资源生产经济产出、税收产出等期望产出，并且在生产过程中产生环境污染等非期望产出。由此，生产函数可以界定如下：

$$P_{it} = \{(Y_{it}, B_{it}) : X_{it}\}$$
$$Y_{it} = (G_{it}, TR_{it})$$
$$B_{it} = (EP_{it})$$
$$X_{it} = (K_{it}, L_{it}, E_{it})$$
$$i = 1, 2, \cdots, N; t = 1, 2, \cdots T \tag{4-1}$$

在式（4-1）中，i 表示第 i 个经济单元，t 代表第 t 时期。Y_{it} 代表期望产出集合，包括经济产出（G_{it}）和税收产出（TR_{it}）；B_{it} 表示非期望产出集合，包括空气质量（EP_{it}），X_{it} 是投入集合，包括资本投入（K_{it}）、劳动投入（L_{it}）及能源投入（E_{it}）。$P_{it} = \{(Y_{it}, B_{it}) : X_{it}\}$ 表示经济单元可以用投入集合 X_{it} 来生产期望产出集合 Y_{it}，并且在生产过程中产生非期望产出（B_{it}）。

式（4-1）满足如下的生产条件：①生产可能集合是闭集，即经济单元的投入产出集合是有限的；②投入集合和期望产出集合是自由处置的，即经济单元可以在生产前沿面内的任何生产点从事生产；③非期望产出集合是弱可处置的,即污染物的排放是有成本的;④期望产出集合和非期望产出集合是零结合的,即在没有污染物排放的前提下也不会有期望产出的产生。

借助于方向性距离函数(Fare et al.,2001)和短缺函数(Luenberger,1995),式(4-1)为

$$D(K_{it}, L_{it}, E_{it}, G_{it}, TR_{it}, EP_{it})$$
$$= \sup\{\beta: (K_{it}, L_{it}, E_{it}, G_{it}, TR_{it}, EP_{it}) + \beta g \in P(X)\} \quad (4-2)$$

式(4-2)表明在生产可能性集合中通过求解方向向量 g 来寻找第 i 个经济单元在第 t 期的最优投入产出集合。β 表示第 i 个生产单元在第 t 时期沿着方向向量 g 可以减少投入要素,或增加产出要素,或降低污染物排放等的最大可能数量。

通过设定如下的方向向量可以求解对应的运行效率的支撑点:

$$gk = (-K_{it}, 0, 0, 0, 0, 0)$$
$$Dk(K_{it}, L_{it}, E_{it}, G_{it}, TR_{it}, EP_{it})$$
$$= \sup\{\beta k_{it}: (K_{it}, L_{it}, E_{it}, G_{it}, TR_{it}, EP_{it}) + \beta k_{it} gk \in P(X)\}$$
$$MK_{it} = (1 - \beta k_{it}) \quad (4-3)$$

式(4-3)中的方向向量 gk 意味着劳动投入、能源投入、经济产出、税收产出、污染物等是不变的,可以求解资本投入可以降低的份额,其中 MK_{it} 为资本效率。

$$gl = (0, -L_{it}, 0, 0, 0, 0)$$
$$Dl(K_{it}, L_{it}, E_{it}, G_{it}, TR_{it}, EP_{it})$$
$$= \sup\{\beta l_{it}: (K_{it}, L_{it}, E_{it}, G_{it}, TR_{it}, EP_{it}) + \beta l_{it} gl \in P(X)\}$$
$$ML_{it} = (1 - \beta l_{it}) \quad (4-4)$$

式(4-4)中的方向向量 gl 意味着资本投入、能源投入、经济产出、税收产出、污染物等是不变的,可以求解劳动投入可以降低的份额,其中 ML_{it} 为劳动效率。

$$gg = (0, 0, 0, G_{it}, 0, 0)$$
$$Dg(K_{it}, L_{it}, E_{it}, G_{it}, TR_{it}, EP_{it})$$
$$= \sup\{\beta g_{it} : (K_{it}, L_{it}, E_{it}, G_{it}, TR_{it}, EP_{it}) + \beta g_{it} gg \in P(X)\}$$
$$MG_{it} = 1/(1 + \beta g_{it}) \tag{4-5}$$

式（4-5）中的方向向量 gg 意味着资本投入、劳动投入、能源投入、税收产出、污染物等是不变的。方向向量可以求解经济产出可以增加的份额，其中 MG_{it} 为经济产出效率。

$$gt = (0, 0, 0, 0, TR_{it}, 0,)$$
$$Dt(K_{it}, L_{it}, E_{it}, G_{it}, TR_{it}, EP_{it})$$
$$= \sup\{\beta t_{it} : (K_{it}, L_{it}, E_{it}, G_{it}, TR_{it}, EP_{it}) + \beta t_{it} gt \in P(X)\}$$
$$MTR_{it} = 1/(1 + \beta t_{it}) \tag{4-6}$$

式（4-6）中的方向向量 gt 意味着资本投入、劳动投入、能源投入、经济产出、污染物等是不变的，方向向量可以求解税收产出可以增加的份额，其中 MTR_{it} 为税收产出效率。

$$ge = (0, 0, -E_{it}, 0, 0, 0, 0)$$
$$De(K_{it}, L_{it}, E_{it}, G_{it}, TR_{it}, EP_{it})$$
$$= \sup\{\beta e_{it} : (K_{it}, L_{it}, E_{it}, G_{it}, TR_{it}, EP_{it}) + \beta e_{it} ge \in P(X)\}$$
$$ME_{it} = (1 - \beta e_{it}) \tag{4-7}$$

式（4-7）中的方向向量 ge 意味着资本投入、劳动投入、经济产出、税收、污染物等是不变的。方向向量可以求解能源投入可以降低的份额，其中 ME_{it} 为能源使用效率。

$$gp = (0, 0, 0, 0, 0, 0, -EP_{it})$$
$$Dp(K_{it}, L_{it}, E_{it}, G_{it}, TR_{it}, EP_{it})$$
$$= \sup\{\beta p_{it} : (K_{it}, L_{it}, E_{it}, G_{it}, TR_{it}, EP_{it}) + \beta p_{it} gp \in P(X)\}$$
$$MEP_{it} = (1 - \beta p_{it}) \tag{4-8}$$

式（4-8）中的方向向量 gp 意味着资本投入、劳动投入、能源投入、经济产出、税收产出等是不变的。方向向量可以求解污染物可以降低的份额,其中 MEP_{it} 为污染物排放效率。

(三) 运行效率的测算方法

按照式 (4-3) 到式 (4-8) 中的方向向量,运用数据包络分析方法 (Charnes et al., 1978) 和全域产出集合概念 (Pastor and Lovell, 2005),采用非参数线性规划方法可以求解对应的效率值。

对于劳动效率、资本效率、能源效率等,可以按照对应的方向向量建立如下的线性规划模型。以式 (4-3) 中的方向向量为例建立线性规划模型来求解资本效率 (同样按照式 (4-4) 和式 (4-7) 中的方向向量进行变换可以求解对应的劳动效率和能源使用效率)。

$$Dk_{jt}(K_{it}, L_{it}, E_{it}, G_{it}, TR_{it}, EP_{it}) = \beta k_{it}$$

$$st \begin{cases} \sum_{t=1}^{T}\sum_{i=1}^{N}\lambda_{it}K_{it} \leq (1-\beta k_{it})K_{jt}; \sum_{t=1}^{T}\sum_{i=1}^{N}\lambda_{it}L_{it} \leq L_{jt} \\ \sum_{t=1}^{T}\sum_{i=1}^{N}\lambda_{it}G_{it} \geq G_{jt}; \sum_{t=1}^{T}\sum_{i=1}^{N}\lambda_{it}TR_{it} \geq TR_{jt} \\ \sum_{t=1}^{T}\sum_{i=1}^{N}\lambda_{it}E_{it} \leq E_{jt}; \sum_{t=1}^{T}\sum_{i=1}^{N}\lambda_{it}EP_{it} = EP_{jt} \end{cases}$$

$$\sum_{i=1}^{N}\lambda_{it} = 1; i = 1, 2, \cdots N; t = 1, 2, \cdots T \qquad (4-9)$$

对于经济产出效率和税收产出效率,可以按照对应的方向向量建立如下的线性规划模型。以式 (4-5) 中的方向向量为例建立线性规划模型来求解经济产出效率 [同样按照式 (4-6) 中的方向向量进行变换可以求解对应的税收产出效率]。

$$Dg_{jt}(K_{it}, L_{it}, E_{it}, G_{it}, TR_{it}, EP_{it}) = \beta g_{it}$$

$$st \begin{cases} \sum_{t=1}^{T}\sum_{i=1}^{N}\lambda_{it}K_{it} \leq K_{jt}; \sum_{t=1}^{T}\sum_{i=1}^{N}\lambda_{it}L_{it} \leq L_{jt} \\ \sum_{t=1}^{T}\sum_{i=1}^{N}\lambda_{it}G_{it} \geq (1+\beta g_{it})G_{jt}; \sum_{t=1}^{T}\sum_{i=1}^{N}\lambda_{it}TR_{it} \geq TR_{jt} \\ \sum_{t=1}^{T}\sum_{i=1}^{N}\lambda_{it}E_{it} \leq E_{jt}; \sum_{t=1}^{T}\sum_{i=1}^{N}\lambda_{it}EP_{it} = EP_{jt} \end{cases}$$

$$\sum_{i=1}^{N} \lambda_{it} = 1; \ i = 1, \ 2, \ \cdots N; \ t = 1, \ 2, \ \cdots T \qquad (4\text{-}10)$$

对于污染排放效率等，可以按照式（4-8）中的方向向量建立如下的线性规划模型。

$$De_{jt}(K_{it}, L_{it}, E_{it}, G_{it}, TR_{it}, EP_{it}) = \beta e_{it}$$

$$st \begin{cases} \sum_{t=1}^{T}\sum_{i=1}^{N}\lambda_{it}K_{it} \leqslant K_{jt}; & \sum_{t=1}^{T}\sum_{i=1}^{N}\lambda_{it}L_{it} \leqslant L_{jt} \\ \sum_{t=1}^{T}\sum_{i=1}^{N}\lambda_{it}G_{it} \geqslant G_{jt}; & \sum_{t=1}^{T}\sum_{i=1}^{N}\lambda_{it}TR_{it} \geqslant TR_{jt} \\ \sum_{t=1}^{T}\sum_{i=1}^{N}\lambda_{it}E_{it} \leqslant E_{jt}; & \sum_{t=1}^{T}\sum_{i=1}^{N}\lambda_{it}EP_{it} = (1-\beta e_{it}) EP_{jt} \end{cases}$$

$$\sum_{i=1}^{N} \lambda_{it} = 1; \ i = 1, \ 2, \ \cdots N; \ t = 1, \ 2, \ \cdots T \qquad (4\text{-}11)$$

四、税收经济运行指数权重设计

（一）指数权重的确定方法

为减少主观性误差，并在技术上符合基于税收大数据的经济运行指数的结构和性质，确保指数计算结果的权威性和说服力，本研究综合德尔菲法和层次分析法来对各级要素和各级支撑点确定科学合理的权重。

德尔菲法是根据若干专家的直接经验对研究问题提出意见、判断以及预测的一种方法。具体采用几轮背对背的通信函询方式征询专家小组成员的预测意见，最终使专家小组预测意见趋于集中，做出符合定性事物特征的判断。本方案邀请了来自国家税务总局河南省税务局、河南大学、中南财经政法大学、西南财经大学、国家税务总局扬州税务进修学院和中国电子信息产业发展研究院等研究机构的20名专家学者对指标权重进行打分，即采用德尔菲法来对各个指标进行两两重要性比较。

层次分析法是一种定性与定量分析相结合的多目标属性决策分析方法。该方法通过将一个完整的复杂问题拆分为多个层次和因素，对各个因素之间的数学模型进行分析和比较，在此基础上计算各个方案间的权重,为最优决策的选择提供支撑。层次分析法（analytic hierarchy process,AHP）具有实用性、简洁性、有效性和系统性等特点,能够对定性类问题进行定量化的计算,目前已在多个领域的系统分析与战略研究方面得到广泛应用。层次分析法的具体可分为划分模型层次,构建判断矩阵,层次单排序、总排序,一致性检验和对模型数据进行筛选处理等步骤。

（二）指数权重的确定步骤

我们通过计算判断矩阵的特征值、特征向量,对所得向量进行归一化处理,从而获得各个指标的具体权重。

1. 建立指标体系的判断矩阵。

为了将定性的评价转化为定量的结果,基于对专家团队的调查结果,利用 Saaty 教授提出的 1~9 标度方法来构建判断矩阵,① 对同一层次的两个不同变量进行比较,用 1~9 打分。本研究的税收经济运行指数共构造了 13 张判断矩阵表。

2. 一致性检验

为了保证基于判断矩阵的评价结果的有效性,需要进行层次单排序和层次总排序的一致性检验:

层次单排序是指根据判断矩阵来计算同一层次指标相对于上一层次某一因素相对重要性的排序权重值。层次单排序的一致性检验是指相对于判断矩阵确定不一致的允许范围,是确定层次单排序的依据。层次单排序一致性检验可以通过以下公式来实现:

$$CI_i = \frac{\lambda_i - n}{n - 1} \qquad (4-12)$$

其中,CI_i 代表一致性指标,而 λ 表示判断矩阵的最大特征根,n 表

---

① 在 Saaty 教授提出的 1-9 标度方法中,不同的标度值对应不同的重要性评价。即：1 表示两个要素同样重要；3 表示 i 元素相对 j 元素稍微重要；5 表示 i 元素相对 j 元素明显重要；7 表示 i 元素相对 j 元素重要得多；9 表示 i 元素相对于 j 元素极端重要；其他表度 2、4、6、8 则为上述相邻判断的中间值。

示判断矩阵的阶数。当 $CI_i = 0$ 时表明判断矩阵有完全的一致性；当 CI_i 接近于零时表明判断矩阵有满意的一致性；伴随着 CI_i 对应值的逐渐增大，判断矩阵的不一致程度将会越发严重。

为了衡量一致性指标 CI_i 的大小，我们可以构建一个随机一致性指标 RI_i，①然后利用 RI_i 可以定义一致性比率。

$$CR_i = \frac{CI_i}{RI} \tag{4-13}$$

其中，CR_i 代表的是一致性比率，当该值小于 0.1 时，我们认为判断矩阵具备满意的一致性，即不一致程度是在容许范围内的。

层次总排序指在某一层次内的各因素相对总目标重要性的权值排序。本研究中层次总排序所对应的一致性检验可以通过以下一致性比率来实现：

$$CR = \frac{a_1 CI_1 + a_2 CI_2 + \cdots + a_i CI_i + \cdots + a_m CI_m}{a_1 RI_1 + a_2 RI_2 + \cdots + a_i RI_i + \cdots + a_m RI_m} \tag{4-14}$$

其中，CR 表示层次总排序的一致性比率，a_i 为上层第 i 因素对总目标的排序，CI_i 代表底层指标相对于上层指标 i 因素的层次排序一致性指标，而 RI_i 代表的是对应的随机一致性指标。通常我们认为当 CR 的值低于 0.1 时，层次总排序具有满意的一致性，即通过了一致性检验。

3. 计算各层次权重

在一致性检验成立的条件下，可以运用专家问卷来计算对应的权重。

（三）指数判断矩阵与检验

表 4-7 给出了一级指数的判断矩阵，结果显示一致性比率为 0.000，明显低于 0.100，表明一级指数的判断矩阵通过了层次总排序的一致性检验。

---

① 对于随机一致性指标 RI，我们可以随机构造 n 个成对比较矩阵，然后计算其一致性指标，所有一致性指标的平均值即为随机一致性指标。

第四章 税收经济运行指数指标体系

表 4-7　一级指数的判断矩阵

决策目标	运行动力	运行质量	运行效率
运行动力	1.000	1.165	1.259
运行质量	0.859	1.000	1.081
运行效率	0.794	0.925	1.000
一致性比率		0.000	

表 4-8 报告了运行动力、运行质量、运行效率等组成要素的判断矩阵，对应的一致性比率分别为 0.000、0.000、0.000，也都小于 0.100，说明 3 个一级指数的组成要素也通过了层次总排序的一致性检验。因此专家问卷是有效的，可以用于权重的计算。

表 4-8　要素的判断矩阵

运行动力			
决策目标	科技创新	市场活力	消费驱动
科技创新	1.000	1.444	2.975
市场活力	0.693	1.000	2.060
消费驱动	0.336	0.485	1.000
一致性比率		0.000	

运行质量			
决策目标	主体运营	循环格局	结构优化
主体运营	1.000	2.180	1.942
循环格局	0.459	1.000	0.891
结构优化	0.515	1.123	1.000
一致性比率		0.000	

运行效率			
决策目标	环境效率	产出效率	投入效率
环境效率	1.000	0.908	1.179
产出效率	1.101	1.000	1.298
投入效率	0.848	0.770	1.000
一致性比率		0.000	

（四）指数权重测算结果

运用专家问卷，本研究计算了税收经济运行指数的各级构成要素的权重。在一级指数的构成中，运行动力、运行质量、运行效率的权重分别为 0.227、0.410、0.363，说明专家意见认为运行质量在经济运行指数中的权重是最高的，这与运行质量是运行动力和运行效率基础支撑的经济事实相符合。在运行动力指数中，科技创新、市场活力、消费驱动等要素的权重分别为 0.321、0.327、0.352（见表 4-9），说明专家意见认为 3 个要素对运行动力是同等重要的。在运行质量指数中，主体运营、循环格局、结构优化等要素的权重分别为 0.295、0.336、0.369，说明专家意见认为结构优化是最重要的，这与产业组织理论中产业结构决定产业绩效和产业行为的范式是一致的。在运行效率指数中，通过结合两种方法，我们得出的投入效率、产出效率和环境效率等要素的权重分别为 0.421、0.296、0.283，说明专家意见认为投入效率是更重要的，这也符合生产理论的基本假定。

表 4-9　目标层各要素对上一级目标层的权重

一级指数	要素	要素权重	支撑点	支撑点权重
运行动力 （0.227）	科技创新	0.321	科技主体	0.500
			创新能力	0.500
	市场活力	0.327	创业活动	0.249
			主体发展	0.440
			市场交易	0.311
	消费驱动	0.352	消费产业规模	0.464
			消费产业升级	0.536
运行质量 （0.410）	主体运营	0.295	营运能力	0.429
			纳税能力	0.571
	循环格局	0.336	国内贸易	0.536
			对外开放	0.464
	结构优化	0.369	产业结构高级化	0.393
			产业结构高效化	0.607

续表

一级指数	要素	要素权重	支撑点	支撑点权重
运行效率 （0.363）	投入效率	0.421	劳动效率	0.512
			资本效率	0.488
	产出效率	0.296	经济产出效率	0.476
			税收产出效率	0.524
	环境效率	0.283	能源使用效率	0.488
			污染排放效率	0.512

五、税收经济运行指数数据处理

（一）指数计算说明

税收经济运行指数的权重使用说明如下：

（1）税收经济运行指数的权重生成过程按照"测量指标→支撑点→要素→一级指数→运行指数"的顺序来逐次生成。

（2）税收经济运行指数的一级指数权重、要素权重、支撑点权重等采用专家问卷法和层次分析法相结合的方法来生成。

（3）税收经济运行指数的支撑点对应的测量指标采用等权方法来确定权重，即认为各个测量指标对支撑点的贡献是相等的。

（4）以地市单元当年生产总值为权重，本研究将地市经济运行指数（含各个要素与支撑点）加总为河南省或区域经济运行指数。

（5）由于济源市在2016—2019年的发票类、主体类等数据缺失或存在统计口径不一致问题，因此为保证经济运行指数测量的完整性，济源市在2016—2019年的测量指标采用当年全省其他地市平均值来进行修正，所以济源市经济运行指数在2016—2019年并不具备实际经济意义。

（6）河南省各地市年底就业人口、地区生产总值、服务业增加值、工业增加值、全社会固定资产投资等指标的数据来源为各地市的《国民经济与社会发展统计公报》（2016—2020）和《政府工作报告》

（2016—2020），部分数据参考《河南统计年鉴》（2016—2020）进行补充。

（7）运行效率部分采用的资本数据为物质资本存量，采用永续盘存法来进行估算。具体以全社会固定资产投资为流量指标，参考麦迪逊（1999）的研究设定资本折旧率为17%，以固定资产价格指数为价格平减指标，以2000—2004年的全社会固定资产投资流量平均值与对应期间的GDP增长率来计算基期物质资本存量。

（二）基础数据标准化处理

为了保障税收经济运行指数测度结果的连续性，基础数据的标准化处理过程以基期为参考集合，即在评价河南省"十三五"时期各地区或各区域的经济运行指数中以2016年各地市或各区域的指标数据为参考基准。

1. 正向指标的标准化问题

在税收经济运行指数体系中，大部分指标是正向指标，即指标测量值越大越好。为了消除各指标量纲的影响，首先要对各个指标进行标准化处理，采用极值法进行变换。同时为了避免0分的出现，将基期标准化后的指标值投射到在[60，100]之间。

$$XZ_{it} = 60 + \frac{X_{it} - \min_{t=2016}(X_{it}, i=1,2,\cdots N)}{\max_{t=2016}(X_{it}, i=1,2,\cdots N) - \min_{t=2016}(X_{it}, i=1,2,\cdots N)} \times 40$$

(4-15)

在式（4-15）中，X_{it}为对应的测量指标，XZ_{it}为X_{it}对应的测量指数，min为求解极小值函数，max为求解极大值函数。

2. 逆向指标的处理问题

在指标体系中有些逆向指标，如市场主体退出率，很显然这类指标与正向指标不同，是越小越好。但为了本研究中综合指数计算过程的方便，我们需要对逆向指标进行正向化处理。本研究采用如下的极差变化法来进行调整，为了避免0分的出现，将基期标准化后的指标值映射

在 [60, 100] 之间。

$$XZ_{it} = 60 + \frac{\max_{t=2016}(X_{it}, \ i=1, \ 2, \ \cdots N) - X_{it}}{\max_{t=2016}(X_{it}, \ i=1, \ 2, \ \cdots N) - \min_{t=2016}(X_{it}, \ i=1, \ 2, \ \cdots N)} \times 40$$

(4-16)

3. 适度指标的处理问题

对于反映主体风险控制能力的资产负债率指标，该指标值过大过小都不好，为适度指标，一般认为应处于40%~60%之间。本研究实际计算出的资产负债率在40%~90%之间，因此，如果该指标在40%~60%之间，则指标值设为100；如果该指标在60%~70%之间，则指标值设为90；如果该指标在70%~80%之间，则指标值设为80；如果该指标超过80%，则指标值设为70。

（三）经济运行指数合成

在指标经过标准化处理后，按照各级指标或要素的权重，即可得到相应的指数。

1. 求解特定地市的经济运行指数

以特定地市的经济运行指数为例，其得分为

经济运行指数得分 =（运行动力指数×0.227+运行质量指数×0.410+
运行效率指数×0.363）

在上式中，0.227、0.410 和 0.363 分别是运行动力指数、运行质量指数和运行效率指数的对应权重。

以运行动力指数为例，其得分为

运行动力指数得分 =（科技创新×0.321+市场活力×0.327+
消费驱动×0.352）

在上式中，0.321、0.327 和 0.352 分别是科技创新、市场活力和消费驱动的对应权重。运行质量指数、运行效率指数按照如上公式也可求解。

2. 求解河南省和特定区域的经济运行指数

以河南省经济运行指数为例（区域经济运行指数采用类似方法），采用各地市单元当年的地区生产总值为权重，以各地市经济运行指数来计算河南省经济运行指数。

$$HNE_t = \sum_{i=1}^{18} \left(CE_{it} \times \frac{G_{it}}{G_t} \right) \qquad (4-17)$$

式（4-17）中，t 代表年份，$t=2016$，2017，$\ldots$，2020；i 代表第 i 个地市单元。HNE_t 是河南省第 t 年的经济运行指数，CE_{it} 为第 i 个地市单元在第 t 年的经济运行指数，G_{it} 为第 i 地市第 t 年的地区生产总值，G_t 为第 t 年的地区生产总值。

六、税收经济运行指数指标体系总结

本章基于新发展阶段的经济运行框架，充分挖掘税收大数据的经济内涵，构建税收经济运行指数指标体系。

（1）结合五位一体的新发展理念，本研究中的税收经济运行指数选择从"质量变革、效率变革、动力变革"的高质量发展路径出发，包括运行动力指数、运行质量指数、运行效率指数等3个要素的一级指数，运用科技创新等9个要素来进行描述，运用科技主体等19个支撑点来进行刻画，运用工业部门科技主体成长度等37个指标来进行测量。

（2）运行动力指数包括科技创新、市场活力、消费驱动三个要素，有科技主体、创新能力、创业活动、主体发展、市场交易、消费产业规模、消费产业升级等7个支撑点，具体采用工业部门科技主体成长度、工业部门创新活力、企业市场主体创业活跃度、企业盈利面、市场主体交易活跃度、消费品制造业规模、生活与互联网服务消费、教育文化服务消费等16个指标来测量。运行质量指数包括主体运营、循环格局、结构优化等3个要素，有运营能力、纳税能力、国内贸易、对外开放、产业结构高级化、产业结构高效化等6个支撑点，具体采用存货周转率、增值税税收贡献率、区域经济外向性指数、区域经济内向性指数、工业部门高级化、服务业部门高级化等 15 个指标来测量。运行效率包括投入效率、产出效率、环境效率等 3 个二级要素。具体来看，经济运行效率可通过劳动效率、资本效率、经济产出效率、税收产出效率、能源使用效率及污染排放效率等 6 个支撑点衡量，采用方向性距离函数和数据包络分析技术来计算这 6 个支撑点指标。

（3）本研究采用德尔菲法与层次分析法相结合的方法来确定指标权重，邀请了来自国家税务总局河南省税务局、河南大学、西南财经大学、国家税务总局扬州税务进修学院、中国电子信息产业发展研究院等研究机构的 20 名专家学者对指标进行重要性评价。研究结果显示一级指数集合、要素集合、支撑点集合等均通过了一致性检验，运行动力、运行质量、运行效率等权重分别为 0.227、0.410、0.363，对不同要素和不同支撑点也确定了相对科学的权重，对同一支撑点下的测量指标采用等权处理。

第五章 河南省"十三五"时期税收经济运行总体评价

一、河南省税收经济运行评价结果

(一) 经济运行指数综合分析

河南省"十三五"期间的经济运行状况表现良好(见图5-1)。河南省总体经济运行指数从2016年的78.043提高到2020年的83.342。综合来看,河南省在"十三五"时期紧密围绕"河南振兴、富民强省"的目标推进经济发展方式转变,实现了经济的高质量发展。

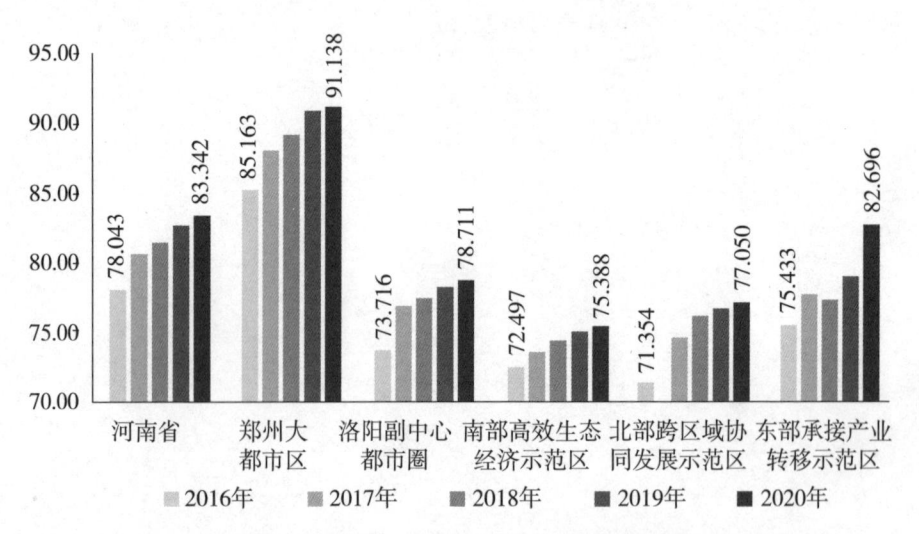

图 5-1 2016—2020年河南省与五大区域的经济运行指数

数据来源:作者根据金税系统(河南)的数据计算而来。

河南省区域经济运行指数呈现出多极化增长趋势。在2020年,郑州大都市区、洛阳副中心都市圈、南部高效生态经济示范区、北部跨区域协同发展示范区、东部承接产业转移示范区等区域的经济运行指数分别为91.138、78.711、75.388、77.050、82.696等，相对于2016年分别提高了5.976、4.995、2.891、5.696、7.262，说明五大区域的经济运行指数在"十三五"期间都呈现出明显的改善。郑州大都市区的经济运行指数在"十三五"期间一直保持在五大区域前列，说明郑州大都市区作为中原城市群的发展核心，能够肩负起中原崛起和河南振兴的重要使命。东部承接产业转移示范区的经济运行指数在"十三五"期间的增长速度最快，说明商丘、周口等城市通过积极承接产业转移和培育优势主导产业等举措有力地增强了经济运行动力。南部高效生态经济示范区的经济运行指数在"十三五"期间的增长速度最慢，这主要是因为南阳、信阳、漯河、驻马店等城市在促进经济发展的同时也承担着生态资源涵养的重要任务。洛阳副中心都市圈的经济运行指数位列五大区域第二名，并且在"十三五"期间有较大幅度的提高，说明洛阳副中心都市圈积极融入中部地区崛起和黄河流域生态保护高质量发展等战略，推进"打基础、补短板、利长远"等重要工作，实现经济的高质量运行。

表5-1报告了河南省各地市的经济运行指数表现。在2016年，河南省经济运行指数表现最好的前5个地市分别为郑州（93.271）、开封（82.634）、许昌（82.243）、周口（79.955）、漯河（78.347）。在2020年河南省经济运行指数表现最好的前5个地市分别为郑州（102.831）、济源（89.984）、周口（86.343）、许昌（83.878）、漯河（81.106）。在"十三五"期间，经济运行指数增幅最大的前5个地市分别是郑州（9.561）、商丘（8.206）、安阳（8.154）、新乡（6.950）、周口（6.388），说明这些地市在高质量发展领域取得了较大的进步。在"十三五"期间，驻马店市和开封市的经济运行指数出现一定幅度的下降，分别下降了0.185和2.519。郑州、商丘、南阳等区域中心城市在2020年的经济运行指数明显高于对应的郑州大都市区、东部承接产业转移示

范区、南部高效生态经济示范区等经济区域,即这 3 个地市对区域经济具有明显的示范引领效应。洛阳、安阳等区域中心城市在 2020 年的经济运行指数相对低于洛阳副中心都市圈、北部跨区域协同发展示范区等经济区域,即这两个地市对区域经济的示范引领效应有待提升。

表 5-1　2016—2020 年河南省各地市经济运行指数

地市	2016 年	2017 年	2018 年	2019 年	2020 年	"十三五"期间增幅
郑州	93.271	97.853	99.794	101.719	102.831	9.561
开封	82.634	80.916	79.886	81.320	80.115	-2.519
洛阳	73.658	76.137	76.767	77.808	78.226	4.568
平顶山	75.078	78.692	78.847	79.394	77.663	2.584
安阳	70.464	74.307	77.054	77.690	78.618	8.154
鹤壁	75.317	78.080	78.644	78.984	77.884	2.567
新乡	72.196	75.236	76.991	78.353	79.146	6.950
焦作	72.607	74.405	75.794	76.227	75.205	2.598
濮阳	70.491	72.997	73.499	74.038	74.489	3.998
许昌	82.243	83.284	81.758	84.734	83.878	1.636
漯河	78.347	79.721	79.874	81.011	81.106	2.759
三门峡	72.618	75.873	76.204	75.668	76.939	4.320
南阳	70.362	72.487	72.948	73.772	74.206	3.845
商丘	70.287	74.040	73.901	74.726	78.494	8.206
信阳	69.283	72.339	73.439	74.030	73.701	4.418
周口	79.955	80.941	80.246	82.743	86.343	6.388
驻马店	75.980	73.163	74.388	74.710	75.795	-0.185
济源	—	—	—	—	89.984	—

注:济源市不参加"十三五期间"经济运行指数的增幅排名。

(二)运行动力指数综合分析

河南省运行动力指数呈现快速增长(见图 5-2)。河南省的运行动力指数从 2016 年的 73.881 提高到 2020 年的 86.504,在"十三五"期间增加了12.623，远远高于经济运行指数的增幅（5.299），说明运行动力成为优化河南省宏观经济运行的重要因素。在"十三五"期间，河南省沿着高质量发展路径取得了较好的成就，其中高技术制造业增加值占规模以上工业增加值比重达到11.1%，国家级创新平台增加到172家，科技型中小企业数量大幅增长并超过1万家，社会消费支出稳步增长。① 因此以科技创新、市场活力、消费驱动等为要素的运行动力指数呈现出快速增长。

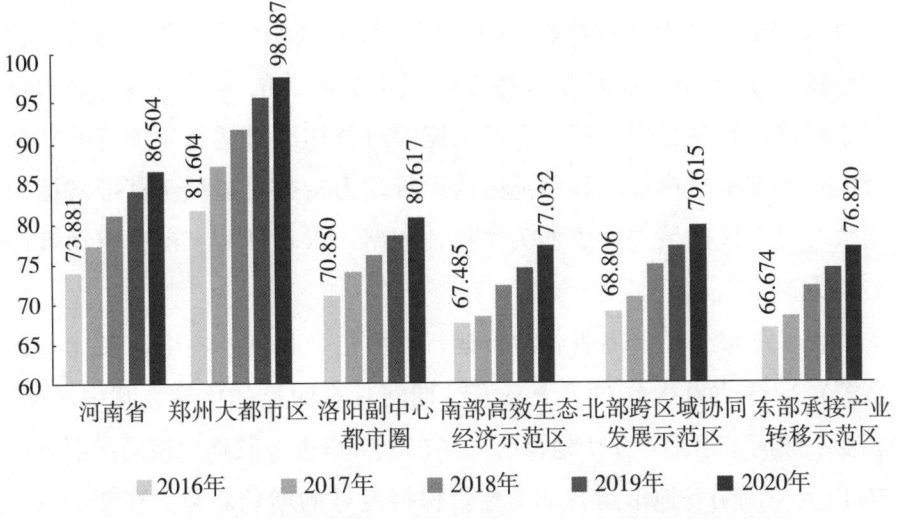

图5-2 2016—2020年河南省与五大区域的运行动力指数

数据来源：同图5-1。

河南省各个经济区域的运行动力指数在"十三五"期间都表现出强劲增长势头。在2016年，郑州大都市区、洛阳副中心都市圈、南部高效生态经济示范区、北部跨区域协同发展示范区、东部承接产业转移示范区等区域的运行动力指数分别为81.604、70.850、67.485、68.806、66.674，即除郑州市外其他四个区域的经济运行动力指数处于

---

① 相关数据来自《河南省政府工作报告2021》和《河南省国民经济与社会发展统计公报2020》。

相对较低水平。在"十三五"期间，五大经济区域的运行动力指数均有明显的增长，对应的增幅分别达到 16.483、9.766、9.547、10.809、10.146。与 2019 年相比，五大经济区域在 2020 年的运行动力指数也有一定的增长，其增幅均在 2.250 以上，说明新冠肺炎疫情对宏观经济带来的负面影响并未影响河南省区域经济的运行动力。在 2020 年，郑州大都市区和洛阳副中心都市圈的运行动力指数在 80.000 以上，即这两个区域的运行动力处于相对较高水平；南部高效生态经济示范区、北部跨区域协同发展示范区、东部承接产业转移示范区的运行动力指数则低于 80.000，说明这 3 个区域的运行动力相对较低。在 2020 年，郑州大都市区等 4 个区域的运行动力指数明显高于经济运行总指数，即运行动力能够对整体经济运行发挥有效拉动效应；东部承接产业转移示范区的运行动力指数明显低于其经济运行指数，说明该区域应该更加关注科技创新、市场活力、消费驱动等运行动力要素。

表 5-2 报告了河南省各地市运行动力指数表现。各个地市（不含济源）运行动力指数在"十三五"期间具有明显的增幅，其中郑州、新乡、漯河、洛阳等 9 个地市的增幅在 10%以上，其他地市的增幅也在 5%以上，说明各地市运行动力指数保持良好的增长趋势。在 2016 年，运行动力指数排名前 5 位的地市分别是郑州（92.580）、新乡（74.258）、洛阳（72.168）、漯河（71.902）、平顶山（71.445）；到 2020 年，运行动力指数排名前 5 位的地市分别是郑州（116.502）、济源（91.782）、新乡（88.844）、漯河（83.349）、洛阳（82.219）；在"十三五"期间，运行动力指数排名靠前的地市大多属于郑州大都市区和洛阳副中心都市圈，也说明其他区域的运行动力存在较大的提升空间。郑州、洛阳、南阳、安阳、商丘等 5 个中心城市在"十三五"期间的运行动力指数的平均值均明显大于对应经济区域的平均值，说明区域中心城市的运行动力对各个区域的经济运行动力能够起到示范引领作用。

表 5-2　2016—2020 年河南省各地市运行动力指数

地市	2016 年	2017 年	2018 年	2019 年	2020 年	"十三五"期间增幅
郑州	92.580	102.173	107.652	113.762	116.502	23.922
开封	70.078	72.365	75.527	78.355	80.176	10.099
洛阳	72.168	76.001	78.049	79.985	82.219	10.052
平顶山	71.445	72.824	74.359	76.454	77.317	5.872
安阳	69.044	71.149	75.488	77.968	80.285	11.241
鹤壁	71.290	72.902	76.940	78.092	80.475	9.186
新乡	74.258	77.130	81.491	84.122	88.844	14.586
焦作	70.313	71.467	75.617	76.405	76.699	6.387
濮阳	67.149	68.579	72.550	75.053	78.252	11.103
许昌	69.303	69.367	72.554	73.684	75.251	5.948
漯河	71.902	71.518	77.163	78.490	83.349	11.447
三门峡	66.960	69.967	72.129	74.407	75.918	8.958
南阳	68.839	70.385	74.382	76.718	79.783	10.944
商丘	68.385	71.417	74.814	76.953	79.454	11.069
信阳	65.384	65.879	69.071	71.480	73.060	7.676
周口	65.170	65.226	69.346	71.740	74.535	9.365
驻马店	65.095	65.646	68.778	71.259	73.442	8.347
济源	—	—	—	—	91.782	—

数据来源：同图 5-1。

(三) 运行质量指数综合分析

河南省运行质量指数在"十三五"期间实现平稳提升（见图 5-3）。在 2016 年，河南省总体运行质量指数仅为 75.828，即运行质量处于相对较低位置，这与之前经济运行中存在产能过剩、对高污染高耗能产业的依赖性强等是紧密相关的。到 2020 年，河南省总体运行质量指数提高到 82.936，处于相对较好水平，表明河南省"十三五"期间在"化解产能过剩、加快产业转型、优化营商环境、强化基础支撑"等方面取得非常好的成绩。具体来看：到 2020 年，战略性新兴产业增加值占规模以上工业的比重为 22.4%，高污染高耗能工业增加值占规模以上工业的比重下降到 35.8%，全省社会消费品零售总额相对 2016 年增长 27.72%，全省进出口总额相对 2016 年增长 41.15%，从而推动河南省运行质量指数平稳提升。①

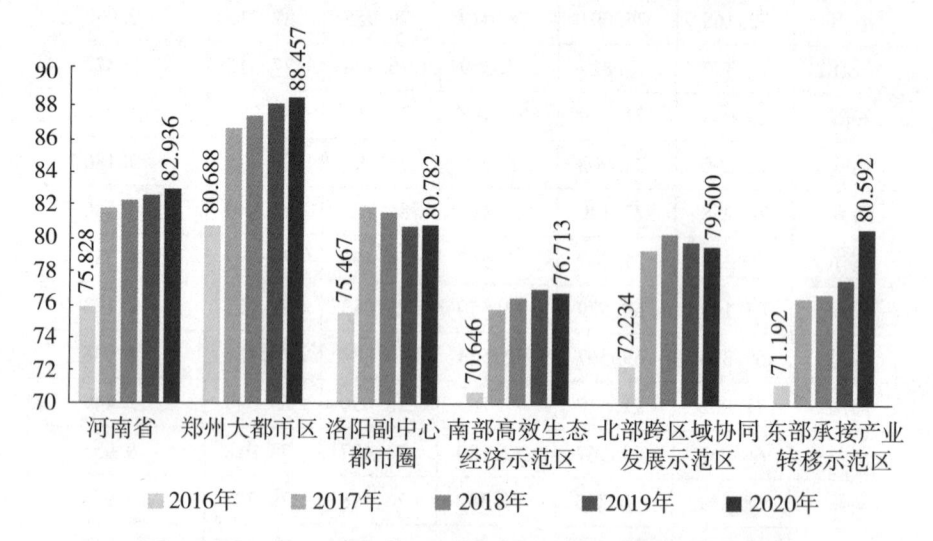

图 5-3　2016—2020 年河南省和五大区域运行质量指数

数据来源：同图 5-1。

河南省区域经济运行质量指数在"十三五"期间都有明显提升。2016 年，郑州大都市区之外的 4 个区域的运行质量指数均小于 80，即洛阳副中心都市圈等 4 个区域的运行质量相对较差。在"十三五"期间，5 个经济区域的运行质量指数分别提高了 7.769（郑州大都市区）、5.314（洛阳副中心都市圈）、6.066（南部高效生态经济示范区）、7.266（北部跨区域协同发展示范区）、9.400（东部承接产业转移示范区），并且洛阳副中心都市圈和东部承接产业转移示范区的运行质量指数超过 80.000。与经济运行指数相比，洛阳副中心都市圈、南部高效生态经济示范区和北部跨区域协同发展示范区在"十三五"期间的平均运行质量指数高于对应的经济运行指数，即这 3 个区域的运行质量对

---

① 相关数据来自《2016—2020 年河南省国民经济与社会发展统计公报》。

整体经济运行起到一定拉动作用；与之相反，郑州大都市区和东部承接产业转移示范区的平均运行质量指数小于对应的经济运行指数，说明该区域应该更加关注主体营运、循环格局、结构优化等运行质量要素的发展。

表 5-3 报告了河南省各地市运行质量指数表现。2016 年，不含郑州市和济源市的河南省其他地市运行质量指数在 65.095 到 74.258 之间，表明这 16 个地市的运行质量表现不佳。到 2020 年，运行质量指数超过 80 的有郑州、济源、新乡、漯河、洛阳、鹤壁、安阳、开封等 8 个地市，其余地市的运行质量指数在 73.060（信阳）到 79.783（驻马店）之间。在"十三五"期间，河南省 17 个地市（不含济源）的运行质量指数增幅在 5.872 到 23.922 之间，表明各个地市的运行质量有较大幅度的提升。郑州在"十三五"期间的平均运行质量指数为 106.534，明显大于郑州大都市区，表明郑州的运行质量对区域具有一定的拉动效应；洛阳、南阳、安阳、商丘等区域中心城市的平均运行质量指数分别为 77.685、74.021、74.787、74.205 等分别低于洛阳副中心都市圈、南部高效生态经济示范区、北部跨区域协同发展示范区、东部承接产业转移示范区等，表明区域中心城市运行质量对区域经济的拉动效应不足。

表 5-3　2016—2020 年河南省各地市运行质量指数

地市	2016 年	2017 年	2018 年	2019 年	2020 年	"十三五"期间增幅
郑州	92.580	102.173	107.652	113.762	116.502	23.922
开封	70.078	72.365	75.527	78.355	80.176	10.099
洛阳	72.168	76.001	78.049	79.985	82.219	10.052
平顶山	71.445	72.824	74.359	76.454	77.317	5.872
安阳	69.044	71.149	75.488	77.968	80.285	11.241
鹤壁	71.290	72.902	76.940	78.092	80.475	9.186
新乡	74.258	77.130	81.491	84.122	88.844	14.586

续表

地市	2016年	2017年	2018年	2019年	2020年	"十三五"期间增幅
焦作	70.313	71.467	75.617	76.405	76.699	6.387
濮阳	67.149	68.579	72.550	75.053	78.252	11.103
许昌	69.303	69.367	72.554	73.684	75.251	5.948
漯河	71.902	71.518	77.163	78.490	83.349	11.447
三门峡	66.960	69.967	72.129	74.407	75.918	8.958
南阳	68.839	70.385	74.382	76.718	79.783	10.944
商丘	68.385	71.417	74.814	76.953	79.454	11.069
信阳	65.384	65.879	69.071	71.480	73.060	7.676
周口	65.170	65.226	69.346	71.740	74.535	9.365
驻马店	65.095	65.646	68.778	71.259	73.442	8.347
济源	—	—	—	—	91.782	—

数据来源：同图5-1。

（四）运行效率指数综合分析

河南省运行效率指数呈现出明显波动特征。河南省总体运行效率指数在2020年为81.598，即在给定技术约束下运行效率存在18.40%的改善空间。河南省"十三五"期间的运行效率指数呈现出先下降后上升的特征，这与"十三五"期间的复杂经济环境是紧密相关的。在"十三五"期间，产能相对过剩、环境问题凸显、脱贫攻坚紧迫等一系列问题对经济社会发展产生重要影响，河南省委省政府按照高质量发展理念和国家战略推行了一系列重大举措。这些重大举措在短期内促进经济单元按照高质量发展总体目标来重新配置要素资源，短期内资本、劳动等要素的重新配置会对要素边际生产效率产生一定的不利影响，但在长期能够实现要素投入、经济产出、税收产出、环境治理等全要素生产率的提升。因此，河南省总体经济运行效率指数呈现出先下降后回升的波动特征。

河南省各个经济区域的运行效率指数在"十三五"期间呈现出空间异化特征（见图5-4）。在"十三五"期间，郑州大都市区的运行效率指数处于较高水平，但是呈现出一定的下降的趋势；北部跨区域协同发展示范区、洛阳副中心都市圈、东部承接产业转移示范区等的运行效率指数呈现出明显的"U"型转变，并且2020年的运行效率指数高于2016年的运行效率指数；南部高效生态经济示范区的运行效率指数呈现出明显的下降趋势，对应的效率指数从2016年的77.508降至2020年的72.663；受新冠肺炎疫情影响，除东部承接产业转移示范区之外的4个经济区域在2020年的运行效率指数相对于2019年均有一定程度的下降。

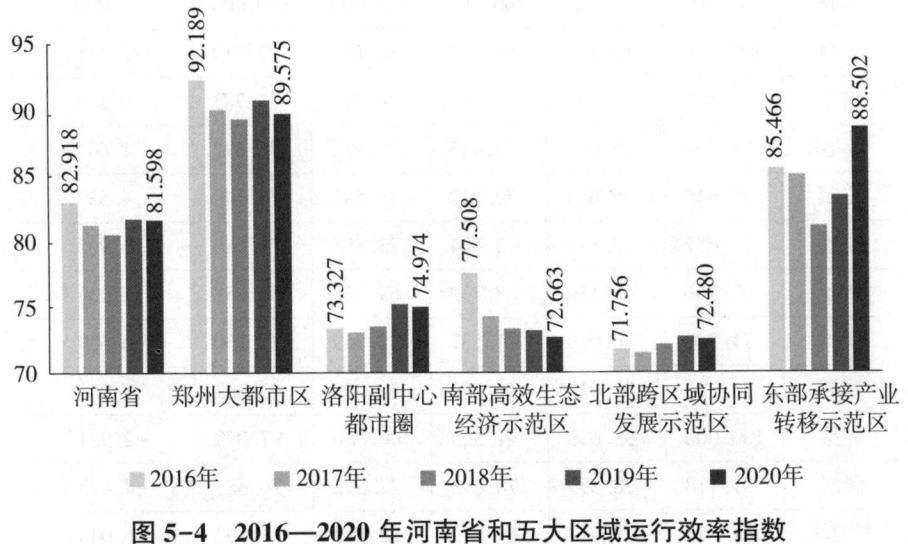

图 5-4　2016—2020 年河南省和五大区域运行效率指数

数据来源：同图 5-1。

2016年，郑州、开封、许昌、周口4个地市的运行效率指数为100，表明这4个地市处于生产前沿，即这4个地市的经济活动是有效率的。到2020年，开封、许昌等城市退出生产前沿，生产效率呈现出一定程度的下降，而郑州市、周口市保持在生产前沿。到2020年，河南省运行效率指数排名后5位的地市分别是鹤壁（71.689）、焦作（71.130）、南阳（69.427）、濮阳（69.291）、新乡（68.853），即这5个地市的运行效率有较大的提升空间。在"十三五"期间，商丘、三门峡、安阳、新乡、洛阳等 5 个地市的运行效率指数具有一定的改善，对应的增幅在 0.245~6.328 之间；焦作、信阳、南阳、开封等 10 个地市的运行效率指数有一定的下降，其中下降幅度最大的地市为开封市（22.181）和驻马店市（15.263）。河南省各地市运行效率指数如表 5-4 所示。

表 5-4　2016—2020 年河南省各地市运行效率指数

地市	2016 年	2017 年	2018 年	2019 年	2020 年	"十三五"期间增幅
郑州	100.000	100.000	100.000	100.000	100.000	0.000
开封	100.000	85.873	81.408	81.517	77.819	-22.181
洛阳	73.537	72.820	72.669	74.287	73.783	0.245
平顶山	78.333	77.687	77.415	77.937	76.692	-1.641
安阳	70.610	69.654	72.217	73.542	75.149	4.539
鹤壁	73.652	73.182	73.434	73.888	71.689	-1.962
新乡	67.766	68.176	68.739	69.325	68.853	1.087
焦作	71.788	70.099	71.537	72.959	71.130	-0.659
濮阳	72.352	73.019	71.250	70.965	69.291	-3.061
许昌	100.000	95.638	91.525	100.000	97.079	-2.921
漯河	81.118	78.579	78.093	77.692	76.685	-4.433
三门峡	68.547	68.134	69.712	72.188	74.592	6.045
南阳	70.466	69.796	68.708	70.168	69.427	-1.039
商丘	68.925	67.912	67.821	68.988	75.253	6.328
信阳	72.834	73.370	73.495	71.627	71.854	-0.981
周口	100.000	100.000	92.852	96.211	100.000	0.000
驻马店	91.472	79.764	77.346	76.659	76.209	-15.263
济源					78.601	

数据来源：同图 5-1。

以"十三五"期间的平均运行效率指数来看，郑州市（100）的运行效率指数明显高于郑州大都市（90.303），表明郑州市对区域经济运行效率指数能够发挥拉动效应；安阳市（72.234）和洛阳市（73.419）的运行效率指数与北部跨区域协同发展示范区（72.101）和洛阳副中心都市圈（73.981）基本持平，较难发挥中心城市对区域经济的拉动效应；南阳市（69.713）、商丘市（69.780）等区域中心城市的运行效率指数分别小于南部高效生态经济示范区（74.161）、东部承接产业转移示范区（84.669），不能发挥中心城市对区域经济的拉动效应。

二、河南省税收经济运行联动分析

（一）区域联动分析方法

本部分采用灰色关联方法来分析各个区域与河南省之间、郑州大都市区与其他区域之间、区域中心城市与对应区域等层面的经济运行特征。灰色关联分析适用于小样本下的因素序列与特征序列之间的联系特征的分析，可采用灰色关联度、相对关联度、绝对关联度、综合关联度等指标来进行解读。以下以区域经济对河南省经济运行的影响效应为例来给出具体步骤。

（1）在区域经济对河南省经济运行的影响效应中，确定河南省经济运行指数为系统行为特征序列（也称为参考序列），郑州大都市区、洛阳副中心都市圈等5个区域的经济运行指数为影响系统行为的因素序列（也称比较序列）。

（2）由于经济运行指数、运行动力指数、运行质量指数、运行效率指数等为60~100之间的指数化数据，因此需要对序列进行标准化处理。

（3）求解河南省经济运行指数（参考序列）与5个区域经济运行指数（比较序列）的灰色关联系数，即参考序列与比较序列的差别程度。

（4）在求解关联系数的基础上，通过平均值方法集中分散的关联信息，并求解关联度。

（5）在获得5个区域的经济运行与河南省总体经济运行的关联度

之后，对关联度进行排序，然后判断特定区域对河南省经济运行的关联程度。

（6）本部分分别测算了灰色关联度和综合关联度指标。灰色关联度描述不考虑整体性情景中参考序列与比较序列的接近程度；综合关联度测度参考序列与比较序列的相近程度和相对于起始点的变化速度的贴近程度，是全面表征序列联动特征的指标。

（二）五大区域对河南经济运行的联动分析

表 5-5 报告了区域经济运行对河南省经济运行的联动特征。

表 5-5　五大区域对河南经济运行的联动分析

类别	关联度	郑州大都市区	洛阳副中心都市圈	南部高效生态经济示范区	北部跨区域协同发展示范区	东部承接产业转移示范区
经济运行指数	灰色关联度	0.997	0.921	0.981	0.850	0.830
	综合关联度	0.606	0.507	0.549	0.502	0.502
运行动力指数	灰色关联度	0.879	0.901	0.904	0.833	0.937
	综合关联度	0.541	0.560	0.565	0.522	0.610
运行质量指数	灰色关联度	0.941	0.905	0.833	0.902	0.893
	综合关联度	0.762	0.500	0.617	0.502	0.724
运行效率指数	灰色关联度	0.999	0.934	0.934	0.829	0.876
	综合关联度	0.789	0.505	0.505	0.501	0.502

数据来源：同图 5-1。

（1）郑州大都市区等 5 个区域的经济运行指数与 3 个一级指数和河南省总体的灰色关联度都在 0.800 以上，说明 5 个区域与河南省的经济运行是紧密相关的，不存在明显的区域分异特征。

（2）从经济运行指数来看，郑州大都市区与河南省的综合关联度为 0.606，洛阳副中心都市圈等 4 个区域的综合关联度介于 0.502～0.549 之间，说明 5 个区域的经济运行对河南省总体的影响是相当的，但是郑州经济运行的联动效应要大于其他4个区域。

（3）从运行动力指数来看，郑州大都市区等5个区域与河南省总体的综合关联度介于0.522~0.610之间，不存在明显差异，表明5个区域对河南省总体运行动力的联动效应是相似的。

（4）从运行质量指数来看，5个区域与河南省总体的综合关联度的排序分别为郑州大都市区（0.762）、东部承接产业转移示范区（0.724）、南部高效生态经济示范区（0.617）、北部跨区域协同发展示范区（0.502）、洛阳副中心都市圈（0.500），表明5个区域对河南省运行质量的联动效应存在显著的差异。

（5）从运行效率来看，综合关联度的测度结果显示郑州大都市区对河南省总体的关联效应是最大的，洛阳副中心都市圈等4个区域的关联效应相对较低，并且不存在显著差异。

（三）郑州大都市区对区域经济的联动分析

表5-6报告了郑州大都市区对其他区域经济运行的联动特征。

表5-6　郑州大都市区对其他区域的联动分析

类别	关联度	洛阳副中心都市圈	南部高效生态经济示范区	北部跨区域协同发展示范区	东部承接产业转移示范区
经济运行指数	灰色关联度	0.832	0.844	0.901	0.863
	综合关联度	0.500	0.500	0.501	0.500
运行动力指数	灰色关联度	0.836	0.844	0.825	0.833
	综合关联度	0.512	0.564	0.503	0.784
运行质量指数	灰色关联度	0.850	0.871	0.925	0.833
	综合关联度	0.606	0.643	0.511	0.586
运行效率指数	灰色关联度	0.828	0.869	0.914	0.949
	综合关联度	0.501	0.502	0.503	0.507

数据来源：同图5-1。

(1) 从经济运行指数来看，郑州大都市与洛阳副中心都市圈等4个区域的灰色关联度均在0.800以上，表明这4个区域作为中原城市群的组成部分与郑州大都市区是紧密相关的；郑州大都市区与4个区域的综合关联度系数基本相同，表明郑州大都市区对它们的联动效应是同质的。

(2) 从运行动力指数来看，郑州大都市区与东部承接产业转移示范区的综合关联度为0.784，是4个区域中最高的，表明郑州大都市区运行动力对东部承接产业转移示范区的联动效应是最大的；商丘和郑州作为两大区域的中心城市，其均选择装备制造、现代食品等作为优势主导产业，使得两大区域的产业联系度高，进而使得作为中原城市群核心区域的郑州大都市对东部承接产业转移示范区的联动效应更强。

(3) 从运行质量指数来看，郑州大都市区对4个区域的综合关联度排序分别是南部高效生态经济示范区、洛阳副中心都市圈、东部承接产业转移示范区、北部跨区域协同发展示范区等，即郑州大都市区对南部高效生态经济示范区的联动效应最大。

(4) 从运行效率指数来看，郑州大都市区对4个区域的综合关联度并无明显差异，说明郑州大都市区对4个区域运行效率的联动效应是同质的，但是处于较低水平。

(四) 中心城市对区域经济运行的联动分析

表5-7报告了郑州市与郑州大都市区内其他市经济运行的联动特征，由于郑州市2016—2020年运行效率指数序列没有发生变化，所以暂不讨论郑州市对郑州大都市区内其他市的经济运行效率的联动效应。

表5-7 郑州中心城市对郑州大都市区的联动效应

类别	关联度	开封市	新乡市	焦作市	许昌市
经济运行指数	灰色关联度	0.833	0.887	0.833	0.833
	综合关联度	0.500	0.745	0.500	0.500

续表

类别	关联度	开封市	新乡市	焦作市	许昌市
运行动力指数	灰色关联度	0.981	0.975	0.972	0.607
	综合关联度	0.568	0.561	0.544	0.509
运行质量指数	灰色关联度	0.833	0.840	0.833	0.833
	综合关联度	0.500	0.557	0.500	0.500

数据来源：同图5-1。

（1）在郑州大都市区内，除了许昌市的运行动力指数外，开封、新乡、焦作和许昌等4个地市的经济运行指数与3个一级指数和郑州大都市区的中心城市——郑州的灰色关联度都在0.800以上，说明4个地市与郑州市的经济运行是紧密相关的，除许昌市的运行动力指数之外，其他地市大体上不存在明显的区域分异特征。

（2）从经济运行指数来看，新乡市与郑州市的综合关联度为0.745，开封等3个地市的综合关联度都为0.500，说明郑州市的经济运行对3个市的影响是相当的；郑州与新乡的主导产业都包含装备制造业、汽车和食品加工，使得两市的产业联系度高，进而表现为其经济运行指数的联动效应要大于其他3个区域。

（3）从运行动力指数来看，郑州对4个地市的综合关联度排序分别是开封、新乡、焦作和许昌，即郑州市对开封市的联动效应最大，主要表现在郑州经济高速运行的同时带动了开封文化旅游产业的发展。

（4）从运行质量指数来看，新乡市与郑州市的综合关联度为0.557，开封等3个地市的综合关联度都为0.500，说明郑州市的经济运行对3个地市的影响是相当的；新乡运行质量指数的联动效应要大于其他3个区域，这与经济运行指数的表现情况类似，其中支柱产业类型的高度重合与经济运行的联动效应较高密不可分。

表5-8报告了洛阳市对洛阳副中心都市圈内其他市经济运行的联动特征。

表 5-8　洛阳中心城市对洛阳副中心都市圈的联动效应

类别	关联度	三门峡市	平顶山市	济源市
经济运行指数	灰色关联度	1.000	1.000	0.833
	综合关联度	0.886	0.867	0.500
运行动力指数	灰色关联度	0.916	0.810	0.567
	综合关联度	0.832	0.581	0.534
运行质量指数	灰色关联度	0.909	0.922	0.755
	综合关联度	0.516	0.515	0.533
运行效率指数	灰色关联度	0.640	0.767	0.833
	综合关联度	0.704	0.810	0.577

数据来源：同图 5-1。

（1）三门峡市与平顶山市的经济运行指数和洛阳副中心都市圈的中心城市—洛阳的灰色关联度与综合关联度都为 1.000，说明两个市与洛阳的经运行是紧密相关的，其中运行动力指数和运行质量方面表现出的灰色关联度都高于 0.800，但运行效率指数表现的灰色关联度较低，分别为 0.640 和 0.767，主要原因可能是洛阳作为洛阳副中心都市圈的中心城市的主导产业为装备制造、特色新材料、高端石化等，而平顶山市的主导产业为电气制造和特钢不锈钢、能源化工等，三门峡市的主导产业为高山农业、文化旅游等，主导产业间的互补使得两市与中心城市洛阳在经济运行动力和运行质量方面的拉动效应较大，而在运行效率指数方面的联动效应则较小。

（2）就济源市而言，其在经济运行总指数方面对洛阳的灰色关联度和综合关联度分别为 0.833 和 0.500，都低于平顶山市和三门峡市，主要表现在运行动力、运行质量和运行效率的综合关联度都处于较低水平，分别为 0.534、0.533、0.577。

表 5-9 报告了南阳市对南部高效生态经济示范区内其他市经济运行的联动特征。

表5-9　南阳中心城市对南部高效生态经济示范区的联动效应

类别	关联度	漯河市	信阳市	驻马店市
经济运行指数	灰色关联度	0.817	0.823	0.797
	综合关联度	0.526	0.523	0.720
运行动力指数	灰色关联度	0.585	0.822	0.823
	综合关联度	0.608	0.769	0.769
运行质量指数	灰色关联度	0.797	0.810	0.789
	综合关联度	0.529	0.529	0.538
运行效率指数	灰色关联度	0.750	0.657	0.628
	综合关联度	0.793	0.636	0.639

数据来源：同图5-1。

（1）从经济运行总指数来看，漯河市、信阳市与驻马店市和南部高效生态经济示范区的中心城市—洛阳市的灰色关联度都在0.800左右，说明三个市与南阳市的经运行是紧密相关的，但与漯河市与信阳市相比，驻马店市的综合关联度最高，这主要是由于南阳市和驻马店市的主导产业都包括装备制造与食品加工，导致两个城市在经济运行方面的联动效应较高。

（2）从运行动力指数来看，信阳市与驻马店市对南阳市的灰色关联度与综合关联度都较高，漯河市的灰色关联度与综合关联度则都表现出较低水平，都在0.600左右，这可能与漯河市仅有食品加工一个优势产业有关，进而导致其在经济运行动力方面与区域中心城市的联动效应较低。

（3）从运行质量指数来看，南阳市对经济示范区内的3个地市的灰色关联度和综合关联度并无明显差异，说明南阳市对漯河、信阳和驻马店3个地市的运行质量的联动效应是同质的，但是处于较低水平。

（4）从运行效率指数来看，漯河市对南阳市的灰色关联度与综合关联度都明显高于信阳市和驻马店市，都在0.750以上，而信阳市和驻马店市对南阳市的灰色关联度与综合关联度都在0.630左右，存在明显的区域分异特征。

表 5-10 报告了安阳市对北部跨区域协同发展示范区内其他市经济运行的联动特征。

表 5-10　安阳中心城市对北部跨区域协同发展示范区的联动效应

类别	关联度	鹤壁	濮阳
经济运行指数	灰色关联度	0.943	0.822
	综合关联度	0.753	0.514
运行动力指数	灰色关联度	0.678	0.568
	综合关联度	0.950	0.783
运行质量指数	灰色关联度	0.957	0.822
	综合关联度	0.924	0.525
运行效率指数	灰色关联度	0.805	0.777
	综合关联度	0.821	0.576

数据来源：同图 5-1。

（1）从经济运行总指数来看，鹤壁市与濮阳市对北部跨区域协同发展示范区的中心城市——安阳市的灰色关联度分别为 0.943 和 0.822，综合关联度分别为 0.753 和 0.514，说明两市与安阳市的经济运行是紧密相关的，但鹤壁市的联动效应更好，主要是由于鹤壁市在运行动力指数、运行质量指数和运行效率指数三方面的联动效应都高于濮阳市，表现在鹤壁市与安阳市以汽车电子电器为主导产业，从而导致安阳市对鹤壁市经济运行的联动效应较高。

（2）从濮阳市对安阳市的综合关联度看，经济运行总指数仅有 0.514，其中经济运行质量指数和运行效率指数的综合关联度分别为 0.525 和 0.576，处于较低水平，而运行动力指数的综合关联度相对较高，达到了 0.783，濮阳市的主导产业主要有化工和食品加工等，其与安阳市的主导产业关联度较低，所以带来的经济拉动效应也相对较低。

表 5-11 报告了商丘市对东部承接产业转移示范区内另一地市周口市的经济运行指数的联动特征，由于周口市 2016—2017 年运行效率指

数序列没有发生变化,所以暂不讨论商丘市对周口市的经济运行效率指数的联动效应。从经济运行总指数来看,商丘市对周口市的经济运行的灰色关联度与综合关联度分别为 0.591 和 0.551,表现为较低水平;从运行动力指数来看,商丘市对周口市的经济运行动力的灰色关联度与综合关联度分别为 0.555 和 0.515;运行质量指数方面则为 0.602 和 0.548,也都表现为较低水平。周口市与商丘市的主导产业都包括食品加工和纺织服装业,但主导产业成熟度的差异和行业竞争带来了较低的经济运行联动效应。

表 5-11 商丘中心城市对东部承接产业转移示范区的联动效应

类别	关联度	周口市
经济运行指数	灰色关联度	0.591
	综合关联度	0.551
运行动力指数	灰色关联度	0.555
	综合关联度	0.515
运行质量指数	灰色关联度	0.602
	综合关联度	0.548

数据来源:同图 5-1。

三、河南省税收经济运行协调分析

(一) 协调发展分析方法

在经济运行中,运行动力、运行质量、运行效率等组成部分是紧密联系在一起的,没有强劲的运行动力的引领就无法形成良好的运行质量,没有良好的运行质量就无法提升运行效率,没有较高的经济效率就无法打造强劲的运行动力。因此本部分分析"动力—质量""动力—效率""质量—效率"三个子系统的协调发展度,具体选择计算耦合协调度指标,对其进行划分并讨论。

耦合协调度模型基于耦合度模型建立。"耦合"一词来源于工程物理学，耦合度指两个或两个以上系统之间的相互作用影响，实现协调发展的动态关联关系，可以反映它们之间的相互依存程度。李宁和韩同银（2018）认为耦合协调度可以根据耦合相互作用关系中良性耦合程度的大小，对协调状况进行划分。本章利用耦合协调度模型测算经济运行各子系统之间的协调发展程度，具体计算过程如下（以"动力—质量"子系统为例）：

包含两个子系统的耦合度模型为

$$C = 2\sqrt{U_1 \times U_2}/(U_1 + U_2) \tag{5-1}$$

式中 C 表示耦合度，U_1 表示"运行动力指数"，U_2 表示"运行质量指数"。C 取值在 0~1 之间，值越大，说明耦合度越好，系统之间相关性越强。耦合度说明了系统间相互作用、相互影响的程度，但无法真实反映系统变量之间的协调发展水平（窦睿音等，2021）。为反映运行动力指数与运行质量指数的协调发展水平，建立如下耦合协调度模型：

$$T = \alpha U_1 + \beta U_2 \tag{5-2}$$

$$D = \sqrt{C \times T} \tag{5-3}$$

式中：C 为耦合度，D 为耦合协调度，T 为运行动力指数与运行质量指数综合评价指标，α、β 为待定系数，分别为运行动力指数和运行质量指数对整个系统耦合协调作用的贡献程度。考虑到运行动力指数和运行质量指数对整个系统的影响作用，本章认为两者同等重要，取 $\alpha = \beta = 0.5$（田磊等，2021）。同理，"动力—效率"子系统协调度和"质量—效率"子系统协调度可采用相同方法进行计算。

根据 D 的取值将耦合协调度进行划分，廖重斌（1999）认为协调度可以划分为 10 级：极度失调、严重失调、中度失调、轻度失调、濒临失调、勉强协调、初级协调、中级协调、良好协调、优质协调。张林和李雨田（2015）将协调度划分为 6 个阶段：严重失调、轻度失调、濒临失调、勉强协调、中度协调、良好协调。唐晓华等（2018）将耦合协调度划分为 10 个阶段：极度失调衰退型、重度失调衰退型、中度失调衰退型、轻度失调衰退度、濒临失调衰退型、勉强协调发展型、初级协调发展型、中级协调发展型、良好协调发展型、优质协调发展型。本章通过对已有文献的研究，将耦合协调过程具体划分为10个阶段（见表5-12）。

表5-12 协调等级的划分

协调度 C	协调等级	协调度 C	协调等级
0.9<D≤1	优质协调发展	0.4<D≤0.5	濒临失调衰退
0.8<D≤0.9	良好协调发展	0.3<D≤0.4	轻度失调衰退
0.7<D≤0.8	中级协调发展	0.2<D≤0.3	中度失调衰退
0.6<D≤0.7	初级协调发展	0.1<D≤0.2	重度失调衰退
0.5<D≤0.6	勉强协调发展	0<D≤0.1	极度失调衰退

数据来源：同图5-1。

（二）河南省经济运行协调分析

河南省经济运行各部分之间协调发展程度在"十三五"期间呈现稳步提升趋势，其中"动力—质量"子系统达到中级协调发展程度，"动力—效率"子系统和"质量—效率"子系统达到良好协调发展程度（见图5-5）。

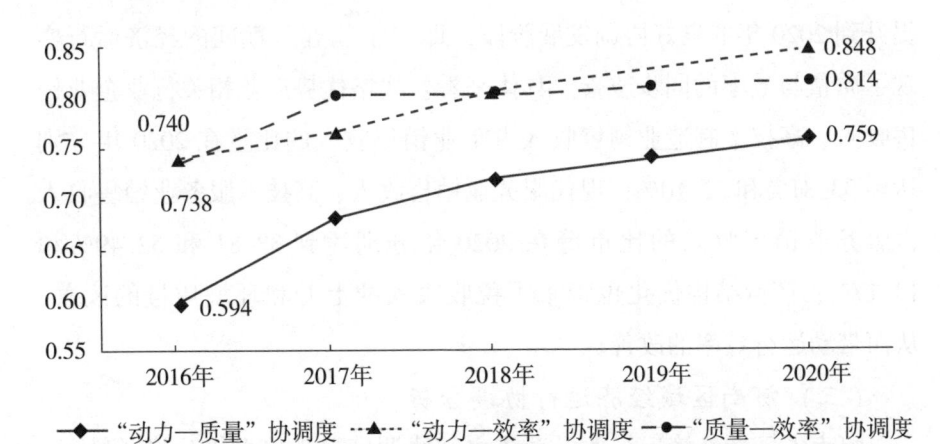

图5-5 2016—2020年河南省经济运行协调度

数据来源：同图5-1。

（1）河南省"动力—质量"子系统从 2016 年的初级协调发展阶段（0.594）提升到 2020 年的中级协调发展阶段（0.759），即河南省在"十三五"期间不仅实现了运行动力的提高，而且运行动力与运行质量也呈现出相互促进的特征。具体来看：市场主体户数从 2016 年的 179.58 万户增加到 2020 年的 307.95 万户，同时市场主体注销率[①]则从 12.62%降低到 7.95%；居民生活服务销售额从 2016 年的 10407.30 亿元增加到 2020 年的 22592.68 亿元，同时教育、体育、文化、旅游、出行等高质量生活服务业销售收入占生活性服务业的比重从 28.36%提高到 39.18%。

（2）河南省"动力—效率"子系统从 2016 年的中级协调发展阶段（0.740）提升到 2020 年的良好协调发展阶段（0.848），即运行动力指数与运行质量指数相互促进的程度有明显的提升。具体来看：高技术制造业企业户数从 2016 年的 4641 户增加到 2020 年的 8337 户，高技术企业增长的同时也带来了环境质量的提升，$PM_{2.5}$、PM_{10} 等空气污染物的降低也超过 30%；[②] 增值税开票金额和取得金额从 2016 年的 9.17 万亿元增加到 2020 年的 18.34 万亿元，市场交易活力提升也带来税收效率的改善，其中增值税税收收入在"十三五"期间增长了 65.63%。

（3）河南省"质量—效率"子系统从 2016 年的中级协调发展阶段提升到 2020 年的良好协调发展阶段，即"十三五"期间的经济运行实现了质量与效率的同步改善。具体来看：战略优势产业相关行业企业销售收入、高技术制造业销售收入占工业销售收入的比重在 2020 年分别达到 33.81%和 22.10%；现代服务业销售收入、高技术服务业销售收入占服务业销售收入的比重等在 2020 年分别达到 33.81 和 52.49%和 13.17%；产业结构优化也带来了税收收入的上升和环境质量的改善，从而带动运行效率的改善。

（三）河南区域经济运行协调分析

河南省区域经济运行各子系统之间协调度呈现出多极化增长特征：

[①] 市场主体注销率是当年注销市场主体户数与市场主体总户数的比率。
[②] $PM_{2.5}$、PM_{10} 等数据来自《河南省政府工作报告 2021》。

郑州大都市区的各子系统之间协调水平最高,在"十三五"期末均达到良好协调发展阶段或优质协调发展阶段;南部高效生态经济示范区的各子系统之间协调发展水平最低,在"十三五"期末仍处在初级协调发展阶段或中级协调发展阶段;5个区域的各子系统之间协调发展程度在"十三五"期间均有明显的优化。

(1)图5-6报告了河南省区域经济"动力—质量"子系统协调程度。"十三五"期初,郑州大都市区的"动力—质量"子系统处于中级协调发展阶段,南部高效生态经济示范区和东部承接产业转移示范区则处于濒临失调发展阶段,洛阳副中心都市圈和北部跨区域协调发挥示范区则处于勉强协调发展阶段,主要是因为"十三五"期初各个区域的运行动力指数保持较高水平,而由于产能过剩、环境问题迫切等问题导致运行质量指数相对较低。到"十三五"期末,5个区域的"动力—质量"子系统协调度均有明显的提升,其中,郑州大都市处于良好协调发展型,洛阳副中心都市圈处于中级协调发展阶段,北部跨区域协同发展示范区等3个区域处于初级协调发展阶段,说明运行动力提升带来的新旧产能更替、更加绿色的生产方式、消费需求的扩大等带动运行质量的提升。最后,北部跨区域协同发展示范区、东部承接产业转移示范

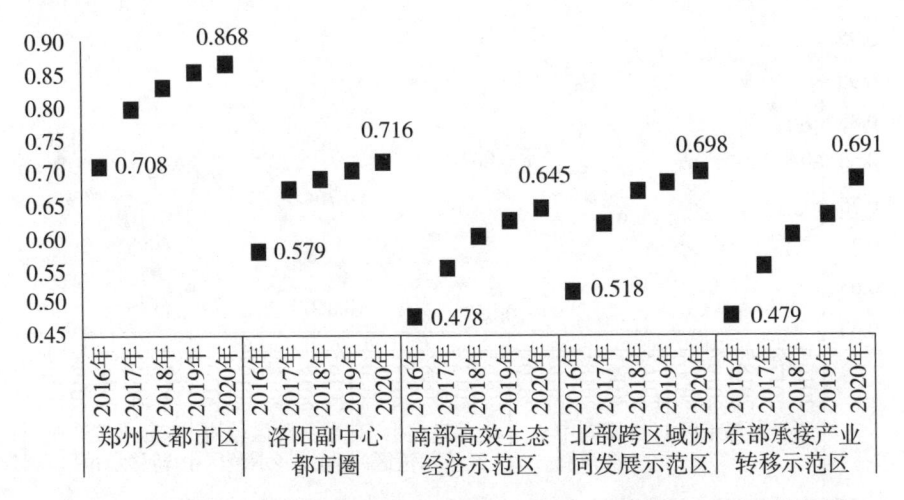

图5-6 2016—2020年河南区域经济"动力—质量"子系统协调度

数据来源:同图5-1。

区、南部高效生态经济示范区 3 个区域的"动力—质量"子系统协调度仍处于较低水平,运行质量不足是导致协调程度偏低的重要原因。

(2) 图 5-7 报告了河南省区域经济"动力—效率"子系统协调发展程度。在"十三五"期初,郑州大都市区的"动力—效率"子系统协调度相对较高,处于良好协调发展阶段;洛阳副中心都市圈、北部跨区域协同发展示范区等 4 个区域的协调度相对偏低,均处于初级协调发展阶段;这是因为各个区域在"十三五"期初为应对复杂宏观经济环境,推出了化解产能、环境治理、降低金融系统性风险等政策,在短期内对区域经济运行效率产生冲击,但是这些政策有利于培养科技创新型、消费驱动型、产业链整合型等经济新动能,从而带来了较高的运行动力。在"十三五"期间,5 个区域的"动力—效率"子系统协调度都有明显的提高;郑州大都市区达到了优质协调发展阶段;洛阳副中心都市圈、东部承接产业转移示范区等达到了良好协调发展阶段;南部高效生态经济示范区、北部跨区域协同发展示范区等达到了中级协调发展阶段;这说明"十三五"期间的一系列经济政策和产业转型实现了"动力—效率"的协同发展。

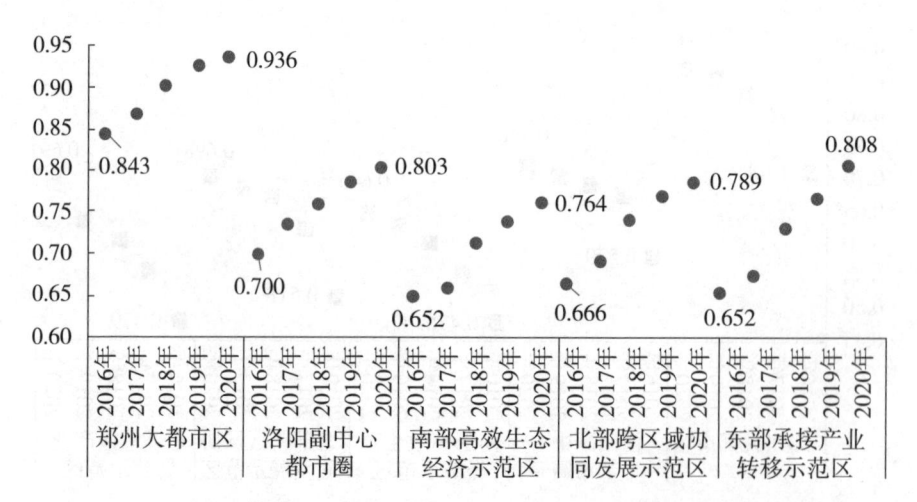

图 5-7 2016—2020 年河南区域经济"动力—效率"子系统协调度

数据来源:同图 5-1。

(3) 图 5-8 报告了河南省区域经济"质量—效率"子系统协调发展程度。在"十三五"期初,郑州大都市区和洛阳副中心都市圈的"质量—效率"子系统协调发展程度相对较高,分别处于良好协调发展阶段和中级协调发展阶段;东部承接产业转移示范区等 3 个区域处于初级协调发展阶段。到"十三五"期末,5 个区域的"质量—效率"子系统协调度都有大幅提高,其中郑州大都市和东部承接产业转移示范区达到良好协调发展阶段,洛阳副中心都市圈等 3 个区域处于中级协调发展阶段。在"十三五"期间,洛阳副中心都市圈、南部高效生态经济示范区、北部跨区域协同发展示范区等 3 个区域的协调度虽有明显的提高,但是仍处于相对较低水平,主要是因为这 3 个区域的运行效率是相对较低的,所以提高要素生产率、强化环境治理、合理税收管理等是提升运行效率并优化"质量—效率"协调发展程度的合理路径。

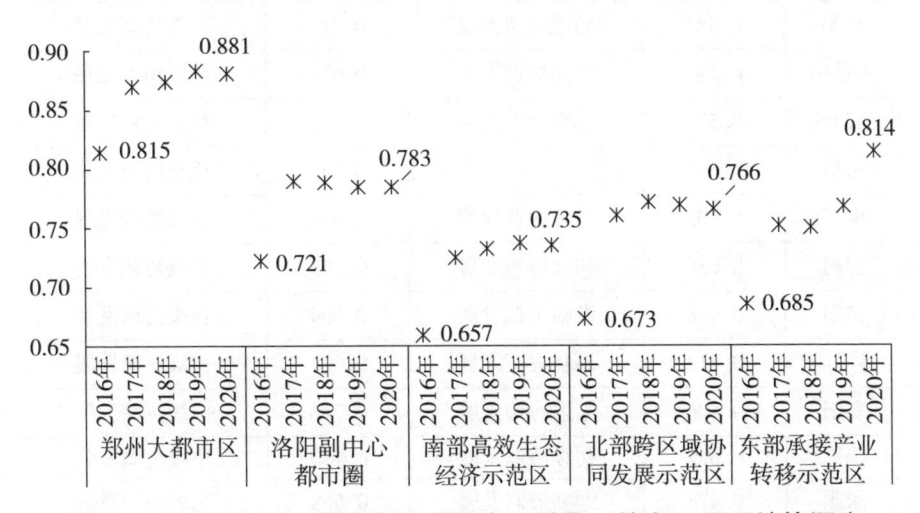

图 5-8 2016—2020 年河南区域经济"质量—效率"子系统协调度

数据来源:同图 5-1。

(四)河南省地市经济运行协调分析

河南省地市经济运行各子系统协调发展程度在"十三五"期间有较大幅度的提高。在"十三五"期末,各地市"动力—质量"子系统均达到初级协调发展阶段以上；各地市"动力—效率"子系统均达到中级协调发展阶段以上；各地市"质量—效率"子系统均达到中级协调发展阶段以上。

(1) 表5-13报告了河南省地市"动力—质量"子系统协调发展状况。

表 5-13　河南省地市"动力—质量"子系统协调发展状况

地市	2016年 协调度	2016年 协调阶段	2020年 协调度	2020年 协调阶段
郑州	0.854	良好协调发展	1.041	优质协调发展
开封	0.557	勉强协调发展	0.729	中级协调发展
新乡	0.604	初级协调发展	0.786	中级协调发展
许昌	0.542	勉强协调发展	0.636	初级协调发展
焦作	0.565	勉强协调发展	0.660	初级协调发展
洛阳	0.582	勉强协调发展	0.718	中级协调发展
平顶山	0.571	勉强协调发展	0.672	初级协调发展
三门峡	0.573	勉强协调发展	0.672	初级协调发展
济源	—	—	0.951	优质协调发展
南阳	0.503	勉强协调发展	0.646	初级协调发展
漯河	0.636	初级协调发展	0.767	中级协调发展
信阳	0.418	濒临失调发展	0.604	初级协调发展
驻马店	0.413	濒临失调发展	0.620	初级协调发展
安阳	0.506	勉强协调发展	0.716	中级协调发展
鹤壁	0.625	初级协调发展	0.730	中级协调发展
濮阳	0.478	濒临失调发展	0.658	初级协调发展
商丘	0.518	勉强协调发展	0.711	中级协调发展
周口	0.445	濒临失调发展	0.673	初级协调发展

数据来源：同图5-1。

在"十三五"期初，郑州经济运行"动力—质量"子系统协调发展程度最高，处于良好协调发展阶段；新乡市、鹤壁市处于初级协调发展水平；开封、许昌、焦作等9个地市处于勉强协调发展阶段；信阳、驻马店、濮阳、周口4个地市处于濒临失调发展阶段。到"十三五"期末，郑州市、济源市等达到优质协调发展阶段；新乡、漯河、鹤壁、开封、洛阳等地市均达到中级协调发展阶段；信阳、驻马店、濮阳、南阳等9个地市达到初级协调发展阶段，即这些城市"动力—质量"协调发展程度相对较低，不能实现运行动力与运行质量的长期可持续发展。在"十三五"期末，郑州市、商丘市等区域中心城市的协调发展程度明显高于对应区域其他地市，能够起到示范引领作用；洛阳市、南阳市、安阳市等区域中心城市则明显低于区域内其他地市，较难起到示范引领作用。"十三五"期间，"动力—质量"子系统协调发展度增速最快的5个地市分别是周口（0.228）、安阳（0.21）、驻马店（0.207）、商丘（0.197）和郑州（0.187），并且除济源市以外的17个地市也都实现了"跨阶段"提升。

（2）表5-14报告了河南省地市"动力—效率"子系统协调发展状况。在"十三五"期初，郑州经济运行"动力—效率"子系统协调发展度为0.961，处于优质协调发展阶段；开封、新乡、许昌、洛阳等7个地市的协调发展程度其次，处于中级协调发展阶段；焦作、三门峡、南阳、周口等9个地市处于初级协调发展阶段。到"十三五"期末，郑州经济运行"动力—效率"子系统协调发展度得到进一步提升；开封、新乡、许昌、洛阳等8个地市达到良好发展阶段；平顶山、鹤壁、三门峡、南阳等9个地市达到中级协调发展阶段。在"十三五"期间，"动力—效率"子系统协调发展度增速最快的5个地市分别是周口（0.166）、商丘（0.143）、三门峡（0.137）、安阳（0.803）、濮阳（0.128），并且开封、许昌、周口等14个地市实现了"跨阶段"提升。在"十三五"期末，郑州市、安阳市等区域中心城市的"动力—效率"子系统协调度高于区域内其他地市，即这两个中心城市可以起到辐射区域其他地市的作用；洛阳市、南阳市、商丘市等区域中心城市的协调度低于区域内其他地市，即这三个中心城市不能起到示范引领作用。

表 5-14　河南省地市"动力—效率"子系统协调发展状况

地市	2016 年 协调度	2016 年 协调阶段	2020 年 协调度	2020 年 协调阶段
郑州	0.961	优质协调阶段	1.068	优质协调阶段
开封	0.756	中级协调阶段	0.811	良好协调阶段
新乡	0.726	中级协调阶段	0.837	良好协调阶段
许昌	0.743	中级协调阶段	0.818	良好协调阶段
焦作	0.691	初级协调阶段	0.760	中级协调阶段
洛阳	0.720	中级协调阶段	0.813	良好协调阶段
平顶山	0.724	中级协调阶段	0.783	中级协调阶段
三门峡	0.627	初级协调阶段	0.764	中级协调阶段
济源	—	—	0.888	良好协调阶段
南阳	0.665	初级协调阶段	0.780	中级协调阶段
漯河	0.738	中级协调阶段	0.831	良好协调阶段
信阳	0.603	初级协调阶段	0.726	中级协调阶段
驻马店	0.633	初级协调阶段	0.743	中级协调阶段
安阳	0.669	初级协调阶段	0.803	良好协调阶段
鹤壁	0.709	中级协调阶段	0.793	中级协调阶段
濮阳	0.640	初级协调阶段	0.768	中级协调阶段
商丘	0.654	初级协调阶段	0.797	中级协调阶段
周口	0.651	初级协调阶段	0.817	良好协调阶段

数据来源：同图 5-1。

注：由于济源在 2016 年的数据不可靠，故不计算协调度（下同）。

（3）表 5-15 报告了河南省地市"质量—效率"子系统协调发展状况。在"十三五"期初，南阳、信阳、驻马店等 7 个地市经济运行的"质量—效率"子系统处于初级协调发展阶段；开封、新乡、许昌、鹤壁等 9 个地市处于中级协调发展阶段；郑州市处于优质协调发展阶段。到"十三五"期末，郑州市、济源市达到了优质协调发展阶段；周口市、开封市、漯河市达到良好发展阶段；南阳、信阳、驻马店、安阳等

13个地市达到了中级协调发展阶段。在"十三五"期末，郑州市的协调度大于郑州大都市区其他地市的协调度，即郑州能够对区域内其他地市产生示范引领作用；洛阳、南阳、安阳、商丘等区域中心城市的协调度低于区域内其他城市，从而不能对区域内其他城市产生示范引领作用。在"十三五"期间，"质量—效率"子系统协调发展度增速最快的地市分别为周口（0.141）、安阳（0.130）、商丘（0.113）、信阳（0.110）、驻马店（0.100），并且南阳、焦作、濮阳等9个地市的协调发展状况也实现了"跨阶段"提升。

表5-15 河南省地市"质量—效率"子系统协调发展状况

地市	2016年 协调度	2016年 协调阶段	2020年 协调度	2020年 协调阶段
郑州	0.905	优质协调阶段	0.983	优质协调阶段
开封	0.758	中级协调阶段	0.804	良好协调阶段
新乡	0.702	中级协调阶段	0.789	中级协调阶段
许昌	0.750	中级协调阶段	0.789	中级协调阶段
焦作	0.706	中级协调阶段	0.745	中级协调阶段
洛阳	0.710	中级协调阶段	0.772	中级协调阶段
平顶山	0.716	中级协调阶段	0.766	中级协调阶段
三门峡	0.753	中级协调阶段	0.771	中级协调阶段
济源	—	—	0.938	优质协调阶段
南阳	0.654	初级协调阶段	0.710	中级协调阶段
漯河	0.785	中级协调阶段	0.817	良好协调阶段
信阳	0.610	初级协调阶段	0.720	中级协调阶段
驻马店	0.643	初级协调阶段	0.743	中级协调阶段
安阳	0.654	初级协调阶段	0.784	中级协调阶段
鹤壁	0.762	中级协调阶段	0.787	中级协调阶段
濮阳	0.651	初级协调阶段	0.730	中级协调阶段
商丘	0.672	初级协调阶段	0.785	中级协调阶段
周口	0.697	初级协调阶段	0.838	良好协调阶段

数据来源：同图5-1。

四、河南省税收经济运行总结

本章基于税收大数据,从运行动力、运行质量、运行效率等三个方面来解析河南省、区域层面、地市层面等经济运行状况,运用灰色关联、耦合协调等方法研究河南省经济运行的总体特征、区域特征、地市特征等。

(1)基于税收大数据的经济运行指数显示河南省经济运行状况在"十三五"期间有明显的改善;区域经济运行呈现出多极化快速增长特征;郑州大都市区的经济运行指数领先洛阳副中心都市圈等其他4个区域;东部承接转移示范区的经济运行的增长幅度最大,并且在"十三五"期末位列河南省第二名;郑州、商丘、安阳等区域中心城市在"十三五"期间的增长幅度最大,能够对区域内其他城市产生显著的示范引领效应。

(2)从税收经济运行指数的一级指数来看:河南省运行动力指数和运行质量指数在"十三五"期间有明显的提高,但是河南省经济运行效率在"十三五"期间则表现出明显起伏性;郑州大都市区的运行动力指数、运行质量指数、运行效率指数等均明显高于洛阳副中心都市圈等其他4个区域,但是郑州大都市区运行效率指数在"十三五"期间出现一定程度的下降;洛阳副中心都市圈等4个区域的运行动力指数和运行质量指数在"十三五"期间有明显的提升,但是南部高效生态经济示范区的运行效率指数有明显的下降;河南省和5个区域的运行动力指数在"十三五"期间的增幅明显大于运行质量指数和运行效率指数,成为河南省保持良好经济运行状态的重要支撑。

(3)基于灰色关联方法的联动效应分析结果显示:郑州大都市区经济运行对河南省整体经济运行的拉动效应最强,其中郑州大都市区在运行质量、运行效率等方面对河南省的引领效应最强,但是在运行动力方面的引领效应相对较弱;郑州大都市区作为中原城市群的核心区域,在运行动力方面对东部承接产业转移示范区的引领效应更加明显,在运行质量方面对洛阳副中心都市圈、南部高效生态经济示范区有相对较强的引领效应；区域中心城市的运行动力指数、运行质量指数、运行效率指数等与区域内其他地市均存在较强的关联性，但是区域中心城市对区域内其他地市的联动效应有明显的差异。

（4）基于耦合协调方法的税收经济运行协调分析结果表明：河南省经济运行的"动力—质量""动力—效率""质量—效率"子系统的协调度在"十三五"期间都有明显的上升，并且"动力—效率"和"质量—效率"子系统达到良好协调发展阶段；郑州大都市区的3个子系统之间的协调发展程度最高，在"期末"均达到优质或良好协调发展阶段；南部高效生态经济示范区的3个子系统之间的协调发展水平最低，到"十三五"期末仍处于初级或中级协调发展阶段；东部承接产业转移示范区的3个子系统之间的协调发展度在"十三五"期间增幅最大，其中"动力—效率""质量—效率"子系统协调发展度在"十三五"期末达到良好发展阶段。

第六章 河南省"十三五"时期税收经济运行动力分析

河南省经济运行动力在"十三五"期间呈现出多极化快速增长趋势。本章从税收经济运行动力的科技创新、市场活力、消费驱动三要素来解析河南省、经济区域、地市等的综合分析;在区域对比分析、地市特征解读等基础上来分析河南省运行动力构成要素的特征。

一、科技创新要素综合分析

(一)河南省科技创新要素

河南省科技创新要素指数在"十三五"期间呈现出较快的增长速度,其中科技主体指数增长速度明显快于创新能力指数(见图6-1)。

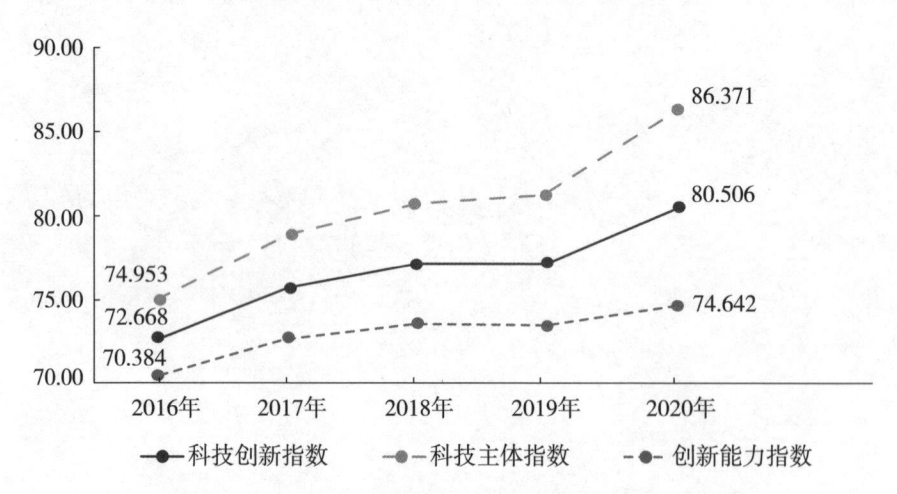

图6-1 2016—2020年河南省科技创新要素指数

数据来源:同图5-1。

科技创新要素指数从 2016 年的 72.668 提高到 2020 年的 80.506；科技主体支撑点指数从 2016 年的 74.953 提高到 2020 年的 86.371；创新能力支撑点指数从 2016 年的 70.384 提高到 2020 年的 74.642。

河南省科技创新支撑点指数在"十三五"期间呈现出非平衡式增长。在 2016 年，科技主体和创新能力等支撑点指数均在 75.000 以上，表明河南省整体上高技术企业数量和高技术企业经营状况均处于较低水平；到 2020 年，科技主体支撑点指数超过 85.000，处于相对较高水平，而创新能力支撑点指数低于 75.000，仍处于相对较低水平；在"十三五"期间，创新能力支撑点指数相对于科技主体支撑点指数的差距从"十三五"期初的 4.569 扩大到"十三五"期末的 11.729。综上所述，河南省在"十三五"期间实现了科技创新主体支撑能力的大幅提升，但是在接下来的"十四五"期间应该推动高技术制造业企业或高技术服务业企业在关键技术上的攻关和相关产业规模的扩张。

（二）河南省区域科技创新要素

河南省科技创新要素指数表现出趋于多极化快速拉升特征。在 2016 年，郑州大都市区等 5 个区域的科技创新要素指数都在 80.000 以上，并且南部高效生态经济示范区、北部跨区域协同发展示范区、东部承接产业转移示范区的指数在 70.000 以上，即各个区域的科技创新水平处于较低水平。到 2020 年，郑州大都市区科技创新要素指数达到 88.339；洛阳副中心都市圈等 4 个区域的科技创新要素指数也增加到 75.000 左右；其中郑州大都市区和南部高效生态经济示范区的科技创新要素指数增长速度最快，在"十三五"期间分别增长了 9.136 和 8.293，而洛阳副中心都市圈的科技创新要素指数增长速度最慢，其增幅仅为 4.279。

在"十三五"期间，河南省科技创新要素指数的区域排名有明显变化（见图 6-2）。在"十三五"期初，郑州大都市区第一，洛阳副中心都市圈、北部跨区域协同发展示范区、东部承接产业转移示范区的科技创新指数基本分居第三至第五位，其中南部高效生态经济示范区排名在区域最后。到 2020 年，北部跨区域协同发展示范区的科技创新指数上升至第三位，南部高效生态经济示范区的科技创新指数上升至第四位，洛阳副中心都市圈的科技创新要素指数下滑至第五位。对于洛阳副中心都市圈的排名变化，一方面是因为作为区域中心城市的洛阳市的科技创新要素指数没有明显的改善；另一方面三门峡市由于高技术制造业产业规模下降导致其科技创新要素指数明显下降。

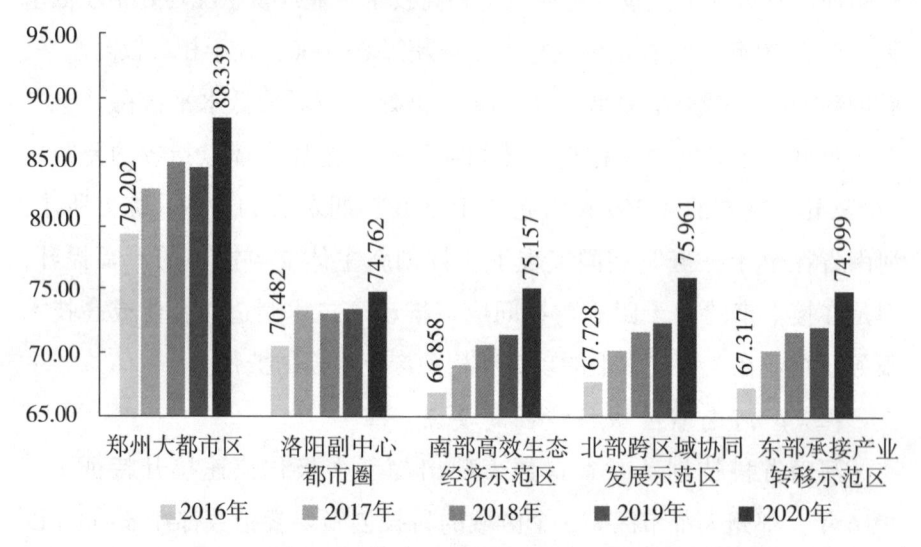

图 6-2 2016—2020 年河南省区域科技创新要素指数

数据来源：同图 5-1。

从科技主体支撑点来看（见 155 页附表 1），郑州大都市区的科技主体指数在 2020 年达到 93.338，南部高效生态经济示范区、北部跨区域协同发展示范区、东部承接产业转移示范区等科技主体指数分别达到 84.989、83.443、83.131，洛阳副中心都市圈的科技主体指数仅为 76.136。对比科技主体支撑点指数和创新能力支撑点指数（见 155 页附表 1），5 个区域的创新能力支撑点指数均落后于科技主体支撑点指数，其中，南部高效生态经济示范区、北部跨区域协同发展示范区、东部承接产业转移示范区的差距分别为 19.665、14.964、16.263，从而说明科技型企业的研发水平和市场地位是制约各个区域科技创新要素再上新台

(三) 河南省地市科技创新要素

表6-1报告了河南省各地市科技创新要素指数的表现。郑州市是河南省各个地市科技创新要素发展程度最高的城市，其科技创新要素指数从2016年的90.726增至2020年的101.564，远远领先于其他地市，这与郑州市作为国家中心城市的科技创新要求是相符合的。各个地市的科技创新要素指数在"十三五"期间都有大幅的提高；其中，新乡、南阳、郑州、安阳、商丘、漯河等地市分别提高了15.496、12.403、10.837、9.570、9.269、9.008等；新乡、鹤壁、南阳、商丘等地市的科技创新要素指数在2020年也都超过80.000；5个区域中心城市中，洛阳、安阳、周口等地市的科技创新要素指数低于80.000，处于相对较低水平。

表6-1 河南省各地市科技创新要素指数

地市	2016年	2017年	2018年	2019年	2020年	期初排名	期末排名
郑州	90.726	95.595	98.564	97.674	101.564	1	1
开封	68.074	70.047	71.399	73.123	76.022	8	8
洛阳	71.218	73.208	74.461	75.090	76.423	7	7
平顶山	74.543	79.664	74.407	74.691	76.920	3	6
安阳	66.412	68.694	69.993	71.566	75.983	9	9
鹤壁	78.750	81.838	84.423	84.122	87.549	2	3
新乡	73.722	76.618	79.102	80.208	89.218	4	2
焦作	65.080	67.447	68.267	66.901	68.377	11	16
濮阳	63.702	65.950	67.334	67.410	69.790	15	12
许昌	65.529	68.072	68.151	67.198	68.700	10	15
漯河	64.328	66.514	68.666	66.241	73.336	13	10
三门峡	64.660	66.757	68.017	67.588	67.909	12	18
南阳	72.021	75.925	78.569	80.012	84.424	5	4
商丘	71.849	76.138	78.192	77.910	81.118	6	5

续表

地市	2016年	2017年	2018年	2019年	2020年	期初排名	期末排名
信阳	63.024	64.306	65.375	66.025	68.265	17	17
周口	63.335	65.071	66.187	66.882	69.689	16	13
驻马店	64.055	64.714	65.020	66.621	68.946	14	14
济源					72.518		11

数据来源：同图5-1。

从"十三五"期末的科技创新要素支撑点指数来看（见165页附表10和155页附表1），科技主体支撑点指数表现最好的地市分别是新乡（108.062）、郑州（103.532）、南阳（102.587）、鹤壁（96.992）、商丘（91.673），均处于优秀或良好水平。创新能力支撑点指数表现最好的5个地市分别是郑州（99.595）、平顶山（80.443）、鹤壁（78.105）、济源（73.484）、洛阳（71.154）等；除平顶山、三门峡、济源等地市外，新乡、南阳、郑州等15个地市的创新能力支撑点指数均明显低于科技主体支撑点指数，对应的差距在3.938到37.688之间（见166页附表11），说明大多数地市存在科技主体创新能力不强的现象。

二、市场活力要素综合分析

（一）河南省市场活力要素

河南省市场活力要素指数在"十三五"期间有明显的改善（见图6-3）。市场活力要素指数从2016年的79.089提高到2020年的95.749，市场活力在"十三五"期末达到优秀状态。具体来看，市场活力要素支撑点指数在2016—2020年期间都有大幅度的提高；主体发展支撑点指数相对于2016年提高了24.245，在2020年达到106.321，表明河南省营商环境、市场环境、企业质量等在"十三五"期间有较大幅度改善；创业活动支撑点指数相对于2016年增加了13.700，在2020年达到90.634，表明河南省在"放管服"和促进创业等领域取得了良好成绩；

市场交易支撑点指数在 2016 年表现相对较差，但是在"十三五"期末达到 84.890，说明河南省市场交易呈现出整体向好的局面，但是市场交易在"十三五"期末仍处于较低水平，因此通过合理的市场管理可以有效提高河南省的市场活力要素指数。

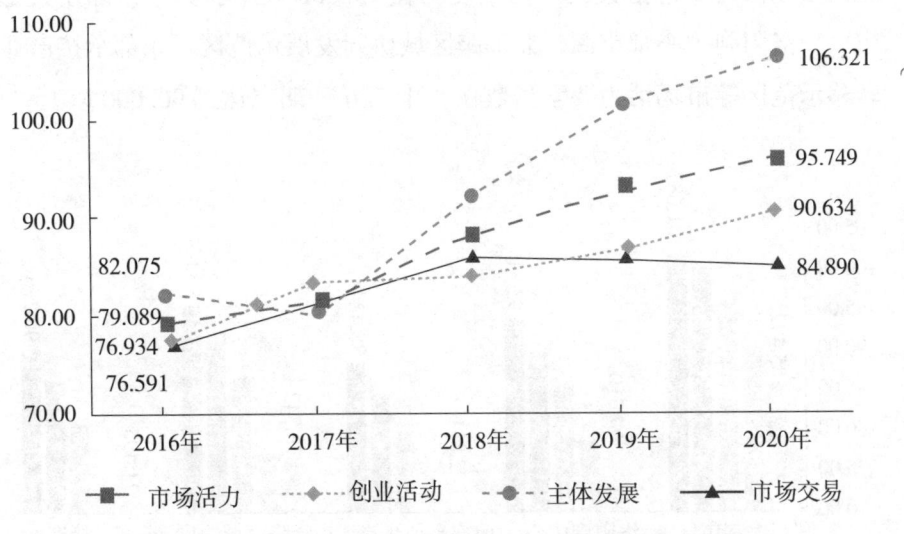

图 6-3　2016—2020 年河南省市场活力要素指数

数据来源：同图 5-1。

河南省市场活力要素的支撑点指数之间的差异在"十三五"期间有所扩大。在"十三五"期间，主体发展支撑点指数提高得最多，创业活动支撑点指数其次，市场交易支撑点指数最慢；主体发展支撑点指数相对于创业活动支撑点指数的差异从"十三五"期初的 5.141 扩大到 15.686，相对于市场交易支撑点指数的差异从"十三五"期初的 5.484 扩大到"十三五"期末的 21.431。主体发展与创业活动之间的差异表明"十三五"期间实行的一系列减税降费效应有利于保障存续市场主体的快速发展，但是相关政策对创业活动的支持力度是有限的；市场交易支撑点指数提高相对较慢，意味着河南省内的市场主体应该主动融入国内大循环，积极发挥郑州市、洛阳市"一带一路"重要节点城市和中原城市群核心城市的区域优势，推动河南成为全国重要的市场交易枢纽。

(二) 河南省区域市场活力要素

河南省区域经济市场活力要素指数在"十三五"期间都达到良好或优秀水平（见图6-4）。在"十三五"期间，郑州大都市区等5个区域的市场活力要素指数提高的幅度均在15.000以上，其中，郑州大都市区、洛阳副中心都市圈、北部跨区域协同发展示范区、东部承接产业转移示范区等市场活力要素指数在"十三五"期末达到90.000以上。

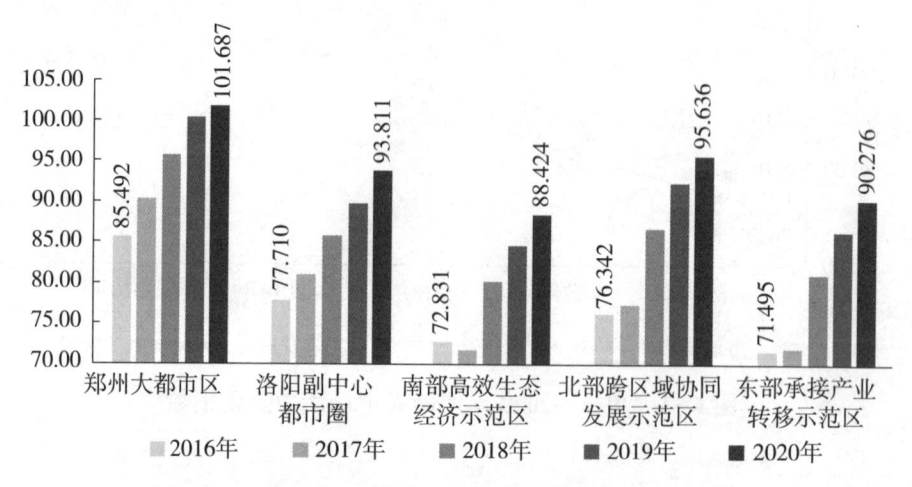

图6-4 2016—2020年河南区域市场活力要素指数

数据来源：同图5-1。

主体发展支撑点指数是市场活力要素指数增长的重要推动力，5个区域的主体发展支撑点指数在"十三五"期间增幅介于21.901~33.031之间，并且"十三五"期末的支撑点指数也大幅超越市场活力要素指数。创业活动支撑点指数在"十三五"期间也有较大提高（见156页附表2），但是东部承接产业转移示范区的指数增加仅为1.769，落后于其他区域，并且在"十三五"期末也仅达到78.640，处于相对较低水平。市场交易支撑点指数的增长速度较慢（见156页附表2），除郑州大都市区之外的4个区域的市场交易指数在"十三五"期初介于65.000~75.000之间，并且在"十三五"期末也仅达到83.339（洛阳副中心都市圈)、74.877（南部高效生态经济示范区)、81.950（北部跨区域协同发展示范区)、77.877（东部承接产业转移示范区)。因此，河南省区域经济市场活力指数在"十三五"期末达到较高水平，除郑州大都市区之外的4个区域市场交易支撑点指数表现相对不佳，东部承接产业转移示范区的创业活动支撑点指数提高了1.768。

（三）河南省地市市场活力要素

表6-2报告了河南省各个地市市场活力要素指数的综合表现。在"十三五"期初，只有郑州、新乡、焦作、洛阳等4个地市的市场活力要素指数在80.000以上，其他13个地市（济源存在数据缺失）的指数在80.000以下，处于相对较低水平。

表6-2 2016—2020年河南省各地市市场活力要素指数

地市	2016年	2017年	2018年	2019年	2020年	期初排名	期末排名
郑州	91.759	101.302	103.398	109.453	110.131	1	1
开封	76.173	77.848	87.710	93.417	95.538	9	5
洛阳	80.120	85.674	87.612	90.451	95.162	4	6
平顶山	76.927	75.112	83.937	88.646	89.052	7	14
安阳	78.805	81.715	91.064	97.527	100.146	6	4
鹤壁	71.871	71.525	79.389	81.850	85.253	14	18
新乡	83.869	87.629	95.599	99.432	103.363	2	3
焦作	80.812	80.237	89.873	91.524	90.340	3	11
濮阳	75.274	74.829	84.572	91.129	95.044	10	7
许昌	76.589	72.973	80.114	83.069	85.730	8	17
漯河	79.006	75.971	86.249	90.445	93.121	5	8
三门峡	72.843	77.537	81.939	87.630	90.658	13	10
南阳	73.278	72.555	81.009	85.013	90.096	12	12
商丘	71.753	75.412	82.827	88.040	91.472	15	9
信阳	71.498	69.896	77.990	83.224	85.844	16	16
周口	71.268	68.777	79.532	85.093	89.238	17	13

续表

地市	2016 年	2017 年	2018 年	2019 年	2020 年	期初排名	期末排名
驻马店	70.117	70.001	77.954	82.771	85.950	18	15
济源					107.866		2

数据来源：同图 5-1。

在"十三五"期间，不包括济源市的其他 17 个地市的市场活力要素指数增幅均在 9.000 以上，所有地市在"十三五"期末都达到 85.000 以上，其中郑州、济源、新乡、安阳等 12 个地市的指数在 90.000 以上。在"十三五"期末，各个地市的主体发展支撑点指数都在 92.000 以上（见 168 页附表 13），均处于优秀状态，说明主体发展支撑点是各地市市场活力表现良好的重要驱动力；焦作、信阳、三门峡、周口、许昌等 5 个地市的创业活动支撑点指数在 80.000 以上（见 167 页附表 12），即这 5 个地市可以通过优化营商环境来提升创业活跃度和提升市场活力；新乡、焦作、许昌、周口、信阳、鹤壁、南阳、开封、驻马店等 9 个地市的市场交易支撑点指数介于 71.020~78.656 之间（见 168 页附表 14），处于相对较差状态，表明这 9 个地市亟须通过合理的市场管理来激活市场交易和优化市场活力。

三、消费驱动要素综合分析

（一）河南省消费驱动要素

河南省消费驱动要素指数在"十三五"期间实现了从"十三五"期初的相对较差到"十三五"期末的良好的转变（见图 6-5）。消费驱动要素指数从 2016 年的 69.925 提高至 2020 年 83.112，对应的增幅为 13.188，有力地提升了河南省运行动力。具体来看：消费产业规模和消费产业升级等支撑点指数在 2016 年均处于相对较差状态，对应的指数值仅为 69.224 和 70.532，表明河南省消费产业在"十三五"期初的发展水平相对较低；到"十三五"期末，消费产业规模和消费产业升级等支撑点指数分别增长至 78.126 和 87.429，均实现了较大幅度的提高。

综合来看，到"十三五"期末，河南省消费产业规模支撑点指数远低于消费产业升级支撑点指数，说明消费产业规模是相对不足的，并不能满足人们对高品质消费品或生活性服务的需求。因此，在消费产业升级的同时，河南省应该着力推进消费品制造业和生活服务业等产业规模的扩张。

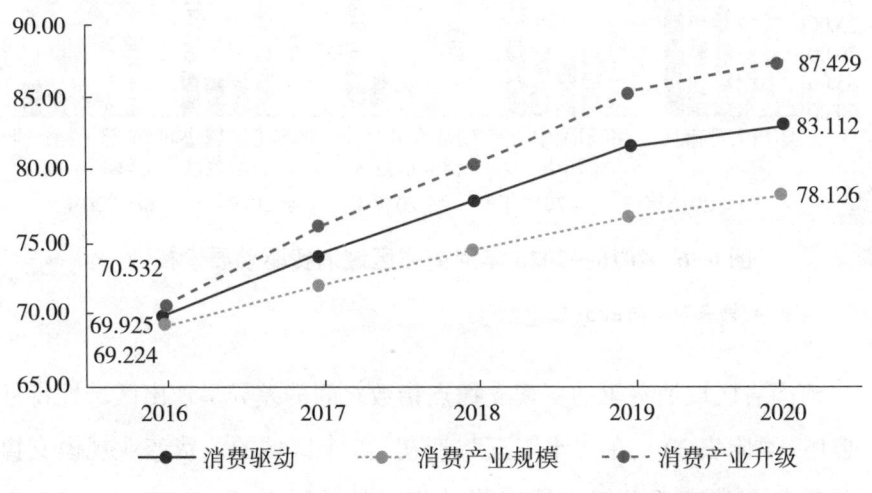

图 6-5　2016—2020 年河南省消费驱动要素指数

数据来源：同图 5-1。

（二）河南省区域消费驱动要素

河南省区域消费驱动要素指数在"十三五"期间呈现出明显的异化特征，但各区域均有明显的提高（见图6-6）。郑州大都市区消费驱动要素指数一直保持在龙头位置，对应指数从 2016 年的 79.940 提高至 2020 年的 103.344，并且消费产业规模、消费产业升级等支撑点指数到 2020 年也分别达到 92.950 和 112.341。洛阳副中心都市圈等 4 个区域的消费驱动要素指数大幅落后郑州大都市区；洛阳副中心都市圈的指数从 2016 年的 64.592 提高至 2020 年的 73.432，处于中等水平；南部高效生态经济示范区、北部跨区域生态经济示范区、东部承接产业转移示范区等 3 个区域的消费驱动要素指数到"十三五"期末仍未超过

70.000，处于相对较差状态。

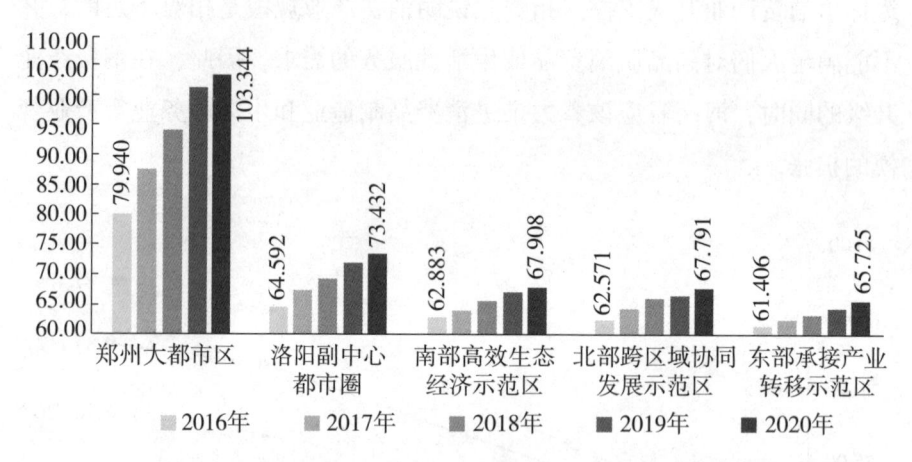

图 6-6　2016—2020 年河南省区域消费驱动要素指数

数据来源：同图 5-1。

河南省区域消费驱动要素支撑点指数之间的差异呈现出区域性特征（见 157 页附表 3）。在"十三五"期初，5 个区域的消费产业规模支撑点指数和消费产业升级支撑点指数之间的差异介于 -2.874～4.190 之间，两个支撑点指数处于相对均衡状态。到"十三五"期末，南部高效生态经济示范区、北部跨区域协同发展示范区、东部承接产业转移示范区等 3 个区域的差异并未发生明显变化，相对差距均小于 3.390，但是其消费驱动指数仍处较低水平，因此这 3 个区域均需要同时推动消费产业升级和扩大消费产业规模。郑州大都市区和洛阳副中心都市圈的消费产业规模支撑点指数提高幅度远低于消费产业升级支撑点指数，两个支撑点指数的差异在"十三五"期末分别达到 19.391 和 8.436，说明按照满足居民高品质消费的方向壮大消费产业是提升这 2 个区域消费驱动要素的可行路径。

（三）河南省地市消费驱动要素

表 6-3 报告了河南省各个地市消费驱动要素指数的综合表现。郑州市具备强劲的消费产业驱动力，消费驱动要素指数从 2016 年的

94.772 提高至 2020 年的 135.731。漯河市具备良好的消费品制造业产业优势，消费驱动指数到 2020 年达到 83.137，处于良好状态。洛阳、新乡、焦作等 15 个地市的消费驱动指数在"十三五"期末均不超过 80.000，处于相对较低状态，说明消费产业的发展并没有成为地市经济运行的重要动力。

表 6-3 河南省各地市消费驱动要素指数

地市	2016 年	2017 年	2018 年	2019 年	2020 年	期初排名	期末排名
郑州	94.772	108.693	119.597	132.126	135.731	1	1
开封	66.026	69.165	67.724	68.869	69.423	3	9
洛阳	65.419	69.319	72.189	74.469	75.212	6	4
平顶山	63.308	64.247	65.178	66.483	66.525	10	12
安阳	62.153	63.341	65.771	65.359	65.475	12	16
鹤壁	63.742	65.828	67.616	68.868	69.344	8	10
新乡	65.579	67.593	70.292	73.186	74.721	5	5
焦作	65.102	66.758	68.821	70.766	71.361	7	6
濮阳	62.532	64.958	65.897	66.829	70.100	11	8
许昌	65.758	66.989	69.319	70.643	71.247	4	7
漯河	71.985	71.729	76.226	78.299	83.137	2	3
三门峡	63.385	65.642	66.532	68.094	69.270	9	11
南阳	61.604	63.110	64.179	65.766	65.713	15	14
商丘	61.895	63.185	64.055	65.530	66.513	13	13
信阳	61.655	63.382	63.934	65.307	65.313	14	17
周口	60.976	61.873	62.539	63.524	65.042	17	18
驻马店	61.178	62.252	63.460	64.560	65.680	16	15
济源					94.100		2

数据来源：同图 5-1。

地市消费驱动要素中消费产业规模和消费产业升级等支撑点指数发展存在严重的不均衡特征（见 168 页附表 14 和 169 页附表 15）：漯河

市的消费产业规模支撑点指数在2020年达到100.746,但是消费产业省级支撑点指数仅为67.893,这一方面是因为漯河市具备发达的现代食品工业;另一方面也说明漯河市消费品产业发展不能满足居民对高品质消费品和现代生活服务业的需求;新乡、周口、平顶山等4个地市的消费产业规模支撑点指数与消费产业升级支撑点指数不存在较大差距,但是消费产业规模支撑点指数与消费产业升级支撑点指数均处于相对较低水平;郑州、济源、平顶山等13个地市的消费产业规模指数明显低于消费产业升级支撑总指数,即这13个地市的消费品产业规模是相对不足的。

四、河南省税收经济运行动力总结

本章基于税收大数据,从科技创新、市场活力、消费驱动等3个要素来分析河南省、区域层面、地市层面等的运行动力。研究的主要发现如下。

(1)河南省运行动力指数在"十三五"期间呈现出快速增长趋势:科技创新、主体发展、消费驱动等3个要素指数也有较大幅度的提升;主体发展要素指数的增长幅度明显大于科技创新、消费驱动等要素指数,成为运行动力增长的核心动力;科技创新和消费驱动等要素指数在"十三五"期末仍低于85.000,存在较大提升空间。

(2)河南省运行动力的关键支撑点呈现出非平衡发展特征:科技主体支撑点指数远高于创新能力支撑点指数,并且创新能力支撑点指数在"十三五"期末仍低于75.000,即提升科技主体的创新能力是优化河南省科技创新要素的可行路径;市场活力的3个支撑点指数(主体发展、市场交易、创业活动)在"十三五"期末均达到较高水平,但是创业活动和市场交易处于相对较低状态,即河南省应该持续优化营商环境来进一步提升市场活力;消费产业升级支撑点指数在"十三五"期末达到良好状态,但是消费产业规模支撑点指数依然低于80.000,说明河南省消费产业规模明显滞后于消费产业升级。

（3）河南省区域运行动力在"十三五"期间呈现出多极化增长态势：郑州大都市区等5个区域的运行动力要素指数在"十三五"期间均有较大幅度的增长，其中市场活力要素指数的增幅明显大于科技创新和市场活力要素指数；郑州大都市区运行动力的要素指数在"十三五"期间持续领先其他4个区域，并且科技创新、消费驱动等要素指数的相对差距有进一步扩大的趋势；洛阳副中心都市圈在"十三五"期初的运行动力构成要素指数均处于第二位，但是与南部高效生态经济示范区等3个区域的差距有明显的缩小，即洛阳副中心都市圈的运行动力指数在"十三五"期间的提升速度相对较慢；以安阳市为中心城市的北部跨区域协同发展示范区的科技创新、市场活力等要素指数有明显的提升，并在"十三五"期末超过洛阳副中心都市圈位列河南省第二名；除郑州大都市区外，洛阳副中心都市圈等4个区域的消费驱动要素指数的成长程度相对偏低，并且增长幅度有限，不利于运行动力的长期可持续提升。

（4）河南省各地市运行动力要素指数都存在一定程度的改善，但是相对排名呈现较大的波动性特征。具体来看，郑州、洛阳等5个区域中心城市的市场交易要素指数成长程度高于对应区域内其他城市，能够起到引领示范效应，但是除郑州市外的4个中心城市在科技创新、消费驱动等要素方面对其他城市的引领效应是有限的。在"十三五"期间，各个地市在科技创新要素指数的排名变化相对较低，其中濮阳、周口、新乡等地市有明显提高；各个地市市场活力要素指数的排名变化相对较大，其中开封、濮阳、商丘、周口等地市有明显的提高；各个地市消费驱动要素指数的排名变化最大，其中开封、许昌等地市有明显的下降。

第七章 河南省"十三五"时期税收经济运行质量分析

河南省税收经济运行质量在"十三五期间"呈现出先快速后慢速的上升趋势。本章从税收经济运行质量的主体运营、循环格局、结构优化等要素来解析河南省及各地市等的综合分析；在区域对比分析、地市特征解读基础上分析河南省运行质量构成要素的特征。

一、主体运营要素综合分析

（一）河南省主体运营要素

河南省主体运营要素指数在"十三五"期间呈现出先上升后微幅下降的趋势（见图7-1）。

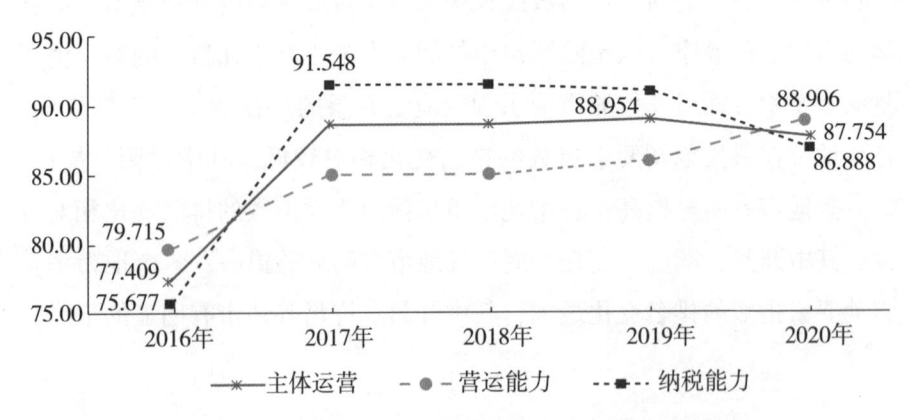

图7-1 2016—2020年河南省主体运营要素指数

数据来源：同图5-1。

河南省主体运营要素指数从2016年的77.409提高到2019年的

88.954 后，又下降到 2020 年的 87.754；营运能力支撑点指数从 2016 年的 79.715 提高到 2020 年的 88.906；纳税能力支撑点指数从 2016 年的 75.677 迅速提高至 2017 年的（91.548）最高点后，经过逐年小幅下降，在 2020 年达到 86.888。营运能力指数逐年攀升，受减税降费政策的影响，纳税能力指数在"十三五"期末大幅度下降，从而拉低了主体运营指数。

具体来看，河南省市场主体的营运能力均有一定改善：存货周转率指数[①]在波动中上升，由 78.260 提高到 100.290，提升了 22 个点；流动比率指数由 84.670 缓慢提高至 90.460；资产负债率指数作为适度指标，保持在 71.000 水平，总体波动不大。纳税能力支撑点指数在 2017 年迅速上升至最高点后先是小幅下降，在 2020 年则出现了显著下降，原因是受到税收政策的影响。具体来看，所得税税收贡献指数在整个"十三五"期间变化不大，上升后出现小幅下降，基本上维持在 71.000 左右；单位资产税收贡献指数相对来说表现为"大起大落"，呈倒"V"型，具体表现为先由 2016 年的 78.650 迅速上升至 2017 年的 112.770，而后逐年下降至 102.380。[②]

（二）河南省区域主体运营要素

郑州大都市区、洛阳副中心都市圈、南部高效生态经济示范区、北部跨区域协同发展示范区、东部承接产业转移示范区等 5 个区域的主体运营要素指数在"十三五"期末均在 82.000 以上，处于较好的水平（见图 7-2）。其中，郑州大都市区的主体运营指数高于其他区域但是优势不明显；南部高效生态经济示范区的主体运营要素指数在"十三五"期末出现了明显的下降，从 2019 年的 85.560 下降至 2020 年的 82.584；北部跨区域协同发展示范区与全省该指数趋势基本相同；东部承接产业转移示范区的指数一路攀升，由 2016 年的 71.608 上升到 2020 年的 88.725，提高幅度远远超过其他区域。

[①] 存货周转率流动比率，资产负债率等指数数据来自金税系统（河南）。
[②] 作者根据金税系统（河南）的数据计算。

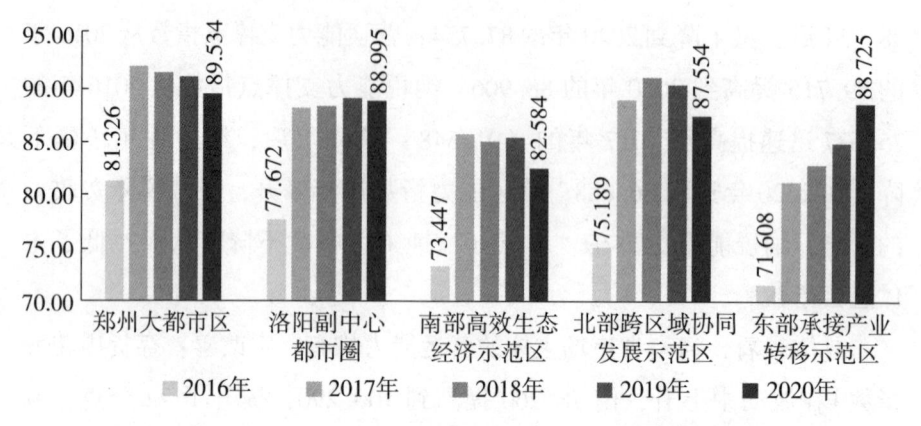

图 7-2 2016—2020 年河南省区域主体运营要素指数

数据来源：同图 5-1。

  河南省主体运营要素指数的区域排名在"十三五"期间具有明显变化。郑州大都市区、洛阳副中心都市圈的指数排名始终占据第 1、2 位，高于河南省平均水平；北部、南部、东部等 3 个区域示范区在"十三五"期初基本分居第 3~5 位。在 2020 年，东部承接产业转移示范区的主体运营指数增长到 88.725，排名上升至第三位，原因主要在于一方面营运能力指数从 2016 年的 74.269 提高到 86.155；另一方面纳税能力指数得到了明显改善，在"十三五"期末达到 90.655。[①] 南部高效生态经济示范区、北部跨区域协同发展示范区主体运营指数分别下滑一位，但指数仍在 80.000 以上。

  从主体运营支撑点指数来看（见 158 页附表 4），对比"十三五"期初，郑州大都市区等 5 个区域均实现了不同程度的提高，在 2020 年的营运能力和纳税能力支撑点指数均达到了 80.000 以上的水平。各区域的营运能力支撑点指数在"十三五"期间稳步上升。其中，郑州大都市区在 2020 年指数达到 88.984，始终保持在区域主体运营要素指数排名的首位。洛阳副中心都市圈运营要素支撑点指数从 2016 年的 80.011 提高到 2020 年的 98.652，说明市场主体的营运能力状况在逐渐

---

① 相关数据见本书 158 页附表 4。

提升，原因在于中心城市洛阳等地市的要素基础测量指标表现出上涨趋势。具体来看，洛阳的存货周转率指数在快速上升，由 2016 年的 75.787 提高到 2020 年的 105.364，增加了 29.577；流动比率指数由 84.233 缓慢上升至 97.364；资产负债率作为适度指标，保持在 80.000 的水平上，总体波动不大。①不同于营运能力支撑点指数，各区域纳税能力支撑点对应的指数值，在"十三五"期末虽实现了不同程度的增长，但除东部承接产业转移示范区的纳税能力支撑点指数呈现出的稳步提高特征外，郑州大都市区、洛阳副中心都市圈、南部高效生态经济示范区、北部跨区域协同发展示范区等 4 个区域均表现出先上升后下降的趋势。在 2020 年，各区域的纳税能力支撑点指数高于 81.000，处于较好的水平。东部承接产业转移示范区快速上升的原因是受税收政策的影响，中心城市商丘的纳税能力指数从 71.912 提高至 78.494，周口市的纳税能力指数从 2016 年的 67.585 迅速上升，在 2020 年达到 101.208。②具体来看，周口市的单位资产税收贡献指数从 2016 年的 117.880 提高至 2020 年的 142.177，增值税税收贡献指数和所得税税收贡献指数在"十三五"期间变化不大，对东部承接产业转移示范区起到了一定的拉动作用。

(三) 河南省地市主体运营要素

表 7-1 报告了河南省各地市主体运营要素指数的综合表现。各地市的主体运营要素指数排名在"十三五"期间存在明显的变化。其中，济源市是河南省各地市中主体运营要素发展程度最高的城市，对应的主体运营指数值从"期初"的 88.373 快速上升至 130.071；郑州市的主体运营指数从 2016 年（85.485）的第 2 位下降到 2020 年（91.627）的第 5 位，提高幅度为 6.142，仅高于许昌市（3.956）。

---

①② 相关指标由作者根据金税系统（河南）的数据计算而来。

表 7-1 2016—2020 年河南省各地市主体运营要素指数

地市	2016年	2017年	2018年	2019年	2020年	期初排名	期末排名
郑州	85.485	93.414	93.151	92.805	91.627	2	5
开封	72.683	86.449	92.493	93.629	86.670	15	10
洛阳	77.611	85.845	84.063	84.150	84.657	7	11
平顶山	76.552	86.268	87.021	88.129	87.431	9	8
安阳	78.762	99.356	102.935	102.179	97.890	5	2
鹤壁	69.683	76.803	78.496	77.137	76.012	17	18
新乡	80.224	92.930	93.322	94.613	92.530	4	4
焦作	76.808	89.626	86.769	85.441	88.809	8	7
濮阳	73.116	81.203	81.489	81.954	79.698	14	17
许昌	78.499	93.400	87.904	85.591	82.455	6	12
漯河	83.377	101.557	91.977	94.592	89.953	3	6
三门峡	75.041	90.338	93.637	93.015	86.900	10	9
南阳	73.287	85.671	84.604	82.544	81.279	11	14
商丘	73.232	84.476	81.354	81.411	81.108	12	16
信阳	68.633	80.841	84.517	88.590	81.979	18	13
周口	70.181	78.500	84.339	88.163	95.334	16	3
驻马店	73.226	82.611	82.806	82.225	81.229	13	15
济源	88.373	107.037	110.378	119.951	130.071	1	1

数据来源：同图 5-1。

从河南省各地市的主体运营要素支撑点指数来看，支撑点指数排名存在较大的不稳定性。运营能力支撑点指数（见 171 页附表 17）在"十三五"期初排名最好的地市分别是新乡（87.299）、济源（85.492）、郑州（84.876），均处于相对较好的状态，但在 2020 年排名前 3 的地市分别是济源（161.673）、焦作（101.843）、洛阳（94.242）。其中，济源市排名首位的原因在于该市的运营能力支撑点指数从 2016 年的 85.492 提高到 2020 年的 161.67，运营能力支撑点指数提高了 76.178；洛阳市的运营能力支撑点指数排名在"十三五"期间上升了 5 位，原因在于洛阳市的存货周转率和流动比率指数呈现出明显的上升趋势；郑州市的运营能力支撑点指数和纳税能力支撑点指数排名均有不同程度的下降。纳税能力支撑点指数（见 171 页附表 18）表现最好的 3 个地市分别是济源（106.328）、安阳（101.662）、周口（101.208）。其中，纳税能力支撑点指数在 2020 年达到了 106.328，比 2016 年提高了 15.791。说明济源市企业、个体等微观经济主体运用流动资产、固定资产资产等进行生产经营的效能非常高；洛阳市的纳税能力支撑点指数排名从第 6 位下降至第 16 位，原因是增值税税收贡献指数和单位资产税收贡献指数分别下降了 5.190、22.972。

二、循环格局要素综合分析

（一）河南省循环格局要素

河南省循环格局要素指数在"十三五"期间实现了小幅稳定的上升（见图 7-3）。循环格局要素指数从 2016 年的 74.581 提高到 2020 年的 80.690。从支撑点指数来看，国内贸易支撑点指数相对于"十三五"期初提高了 13.568，在"十三五"期末达到 89.384；对外开放支撑点指数相对于 2016 年下降了 2.507。说明河南省循环格局整体呈现出上升趋势，应该利用国内国际等市场的资源，充分融合外部循环的环境优势，实现国内、国际市场之间的协同发展。

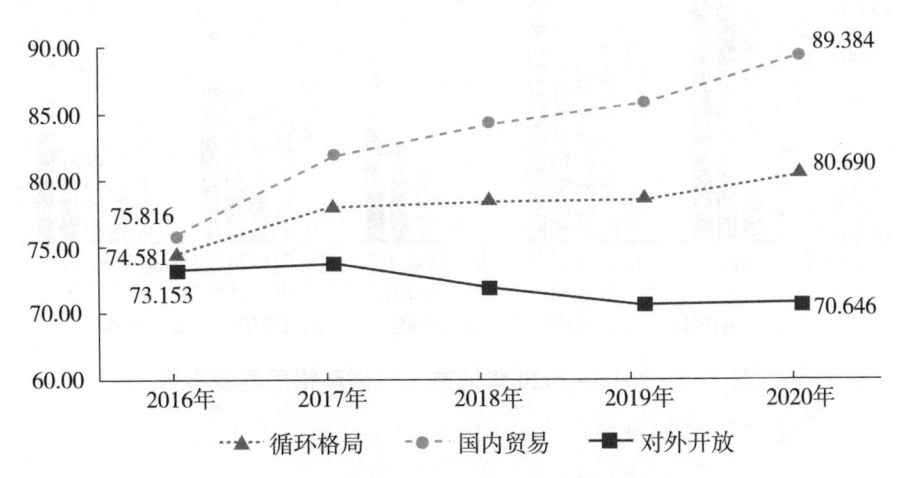

图 7-3　2016—2020 年河南省循环格局要素指数

数据来源：同图 5-1。

河南省循环格局要素的国内贸易支撑点指数和对外开放支撑点指数在"十三五"期间走势相反。国内贸易支撑点指数不断提高，从2016年的75.816逐步提高至89.384，说明河南省已经形成相对完善的产业链、更加合理的产业分工及更加有效的价值链共享机制。河南省在"十三五"期间国内贸易指数与区域经济外向性指数、区域经济内向性指数走势基本相同，其中区域外向性指数（增值税发票省外交易额/GDP）相对较高，从77.540稳步提高至93.280，而区域内向性指数（增值税发票省内交易额/GDP）相对较低，由74.100升至85.490。对外开放指数持续走低，从2016年的73.153下降到2020年的70.646，表明我国地区内部循环持续畅通，国内贸易频繁，而受到国际贸易环境恶化的影响，河南省各地市的对外开放度在变差。

（二）河南省区域循环格局要素

河南省区域经济循环格局要素指数在"十三五"期间大都呈现出快速上涨趋势（见图7-4）。

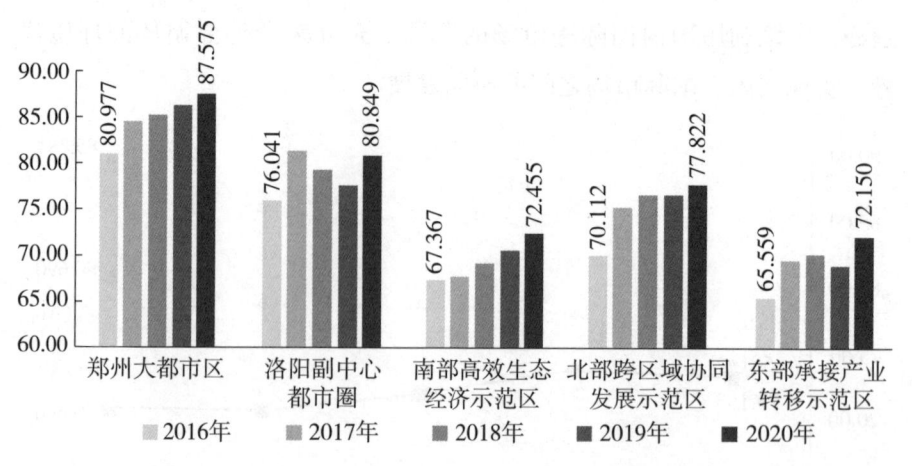

图7-4　2016—2020年河南区域循环格局要素指数

数据来源：同图5-1。

在"十三五"期间，郑州大都市区、洛阳副中心都市圈、南部高效生态经济示范区、北部跨区域协同发展示范区、东部承接产业转移示范区等 5 个区域的循环格局要素指数在 2020 年分别达到 87.575、80.849、72.455、77.822、72.150 的水平。其中，洛阳副中心都市圈的整体趋势不同于其他区域，呈现出明显波动且涨幅（4.808）小于其他区域。

河南省循环格局要素指数的区域排名在"十三五"期间没有发生任何变化。郑州大都市区、洛阳副中心都市圈、北部跨区域协同发展示范区、南部高效生态经济示范区、东部承接产业转移示范区依次分别占据第一至第五位。郑州大都市区的循环格局要素指数明显高于其他区域，且在"十三五"期间上升态势良好，由 80.977 提高至 87.575，原因是该区域的国内贸易指数从 2016 年的 85.441 提高至 2020 年的 99.190，对外开放支撑点指数稳定在 73.451~75.821 之间（见 159 页附表 5），中心城市郑州的国内贸易指数从在 2020 年达到 119.915，对外开放支撑点指数从 2016 年的 78.713 小幅提高至"十三五"期末的 80.480（见 172 页附表 19 和 173 页附表 20）。排在第二位的是洛阳副中心都市圈，其走势在波动中上升，循环格局要素指数在 2020 年提高至 80.849，略高于全省均值（80.690）。北部跨区域协同发展示范区位居第三，指数由 2016 年的 70.112 上升到 2020 年的 77.822。南部高效生态经济示范区和东部承接产业转移示范区指数水平比较接近，从态势上看，前者稳步小幅上升，后者在波动中上升。

河南省区域循环格局要素的国内贸易支撑点指数走势存在明显的分层，该指数的整体水平明显高于对外开放支撑点指数，但两者走势呈相反方向，国内贸易指数上升，对外开放指数下降（见 159 页附表 5）。郑州大都市区、洛阳副中心都市圈、南部高效生态经济示范区、北部跨区域协同发展示范区、东部承接产业转移示范区等 5 个区域的国内贸易指数在"十三五"期间的增幅分别是 13.750、14.259、11.370、16.820、12.369，大幅超越对外开放支撑点指数。其中，郑州大都市区远高于其他区域，指数在 85.441~99.190 之间；洛阳副中心都市圈和北部跨区域协同发展示范区与全省平均水平非常接近，指数在 72.920~89.740 之间；南部高效生态经济示范区与东部承接产业转移示范区高度相似,指数在 64.552~77.531 之间。5 个区域对外开放指数在"十三五"期间都出现了不同程度的下降,只是下降过程略有不同。各区域的对外开放支撑点指数在"十三五"期间的指数值比较接近,不存在明显的区域分层,基本介于 64.054~82.195 之间。其中,郑州大都市区和洛阳副中心都市圈略高于全省均值,前者相对比较稳定,从 2016 年的 75.821 下降到 2020 年的 74.157,变化幅度不大,后者先由 77.655 提高至 82.195 后,又下跌至 71.545,波动比较大。其他三个区域都低于全省均值,在波动中下降,总体相差不大。

(三) 河南省地市循环格局要素

表 7-2 报告了河南省各个地市循环格局要素指数的综合表现。在 2016 年,只有郑州、三门峡、济源、漯河等 4 个地市的循环格局指数高于 80.000。到"十三五"期末,济源(112.145)、郑州(101.617)、漯河(90.756)、安阳(81.653)、新乡(81.573)等 5 个地市的指数高于 80.000,其他 13 个地市的指数低于 80.000,处于相对较低的水平。部分地市结构优化要素中,国内贸易(见 172 页附表 19)和对外开放支撑点指数(见 173 页附表 20)发展存在明显的不均衡特征:在 2020 年,安阳、鹤壁等地市的国内贸易指数和对外开放指数的排名差距较大,安阳市在"十三五"期末的国内贸易指数为 98.765,居第 3 位,对外开放指数仅有 61.887,居于第 17 位,原因是安阳市的区域经济内向性指数和区域经济外向性指数分别是 97.245、100.284,远高于对外开放度(61.887),[1] 说明安阳市经济与国际经济的联系程度较小;鹤壁市的国内贸易指数为 77.643,居第 12 位,对外开放指数为 74.523,居第 4 位。具体来看对外开放度指数,多个地市的该项指标在"十三五"时期出现不同程度的下降,只有平顶山、商丘、郑州、濮阳和信阳等 5 个地市出现了增长现象。横向来看,各地市间的差异非常大,就平均值而言,最小值为 1.27(濮阳市),最大值为 13.25(济源

---

[1] 相关指标由作者根据金税系统(河南)的数据计算而来。

市),变异系数为0.68。从中可以看出,各地市涉外(含港澳台)企业不多,相应的税收占比普遍较低。综合说明,河南省应该注重国际产业链与区域内产业链的相互拉动与相互补充。

表7-2 2016—2020年河南省地市循环格局要素指数

地市	2016年	2017年	2018年	2019年	2020年	期初排名	期末排名
郑州	90.123	95.525	96.489	98.365	101.617	1	2
开封	70.540	73.542	71.260	72.989	73.834	10	11
洛阳	75.682	79.588	78.968	77.822	78.392	7	7
平顶山	68.562	75.627	76.822	77.260	78.512	11	6
安阳	71.731	76.654	79.408	79.541	81.653	9	4
鹤壁	76.987	84.865	81.107	78.831	76.195	5	10
新乡	74.401	77.223	78.124	79.655	81.573	8	5
焦作	76.186	78.209	80.490	79.007	72.638	6	13
濮阳	64.186	68.333	70.503	71.827	73.504	17	12
许昌	67.688	67.518	67.274	67.179	68.120	12	16
漯河	81.845	81.304	81.476	85.853	90.756	4	3
三门峡	84.305	87.394	79.271	74.629	78.366	2	8
南阳	66.604	67.809	68.461	69.644	71.235	14	14
商丘	66.371	76.054	76.313	73.411	76.860	15	9
信阳	61.493	64.863	65.903	66.795	67.771	18	18
周口	64.846	63.914	64.932	65.052	68.063	16	17
驻马店	66.700	63.211	67.532	67.566	69.187	13	15
济源	83.585	98.665	90.774	85.306	112.145	3	1

数据来源:同图5-1。

三、结构优化要素综合分析

(一)河南省结构优化要素

河南省结构优化要素指数在"十三五"期间呈上升态势,且产业结构高效化指数整体高于产业结构高级化指数，两者的变化趋势基本相同（见图7-5）。结构优化要素指数从2016年的75.699上升到2020年的81.130，对应的增幅为5.431。具体来看：产业结构高级化支撑点指数从2016年的73.001提高至2020年的76.842；产业结构高效化指数从2016年的77.446提高至2020年的83.906，处于相对较好水平。

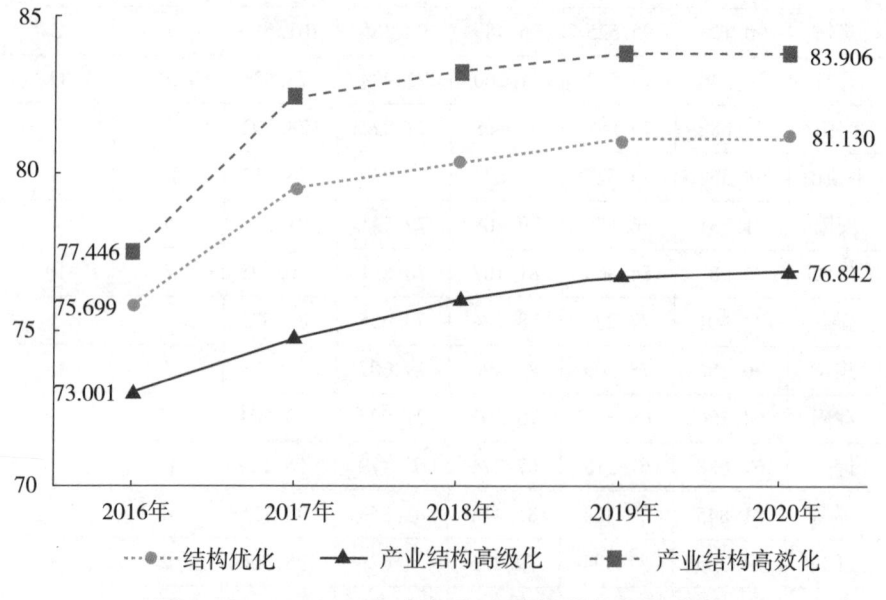

图7-5　2016—2020年河南省结构优化要素指数

数据来源：同图5-1。

在"十三五"期间，产业结构高效化指数整体高于产业结构高级化指数。从基础测量指标来分析原因：服务业高效化指数水平最高且提高最快，由79.430提高至93.610；服务业高级化指数呈现出小幅上升态势，由72.580提高至78.980；而制造业高级化指数和制造业高效化指数则相对比较稳定，基本在74.000上下。[1] 这反映出，由于受资本规模影响，制造业的结构变化不大，相比较而言，服务业的结构调整起

---

[1] 作者根据金税系统（河南）的数据计算而来。

来比较灵活。

(二) 河南省区域结构优化要素

河南省区域经济结构优化要素指数在"十三五"期间出现明显的分层现象（见图7-6）。其中郑州大都市区的指数显著超过其他4个区域；从走势上来看，只有洛阳副中心都市圈在2018年后出现下降，其他区域均是上升的。其中，郑州大都市区的指数从2016年的79.914提高至2020年的88.399；洛阳副中心都市圈、南部高效生态经济示范区、北部跨区域协同发展示范区等3个区域的结构优化要素指数在"十三五"期间未超过80.000，处于相对较差的水平。

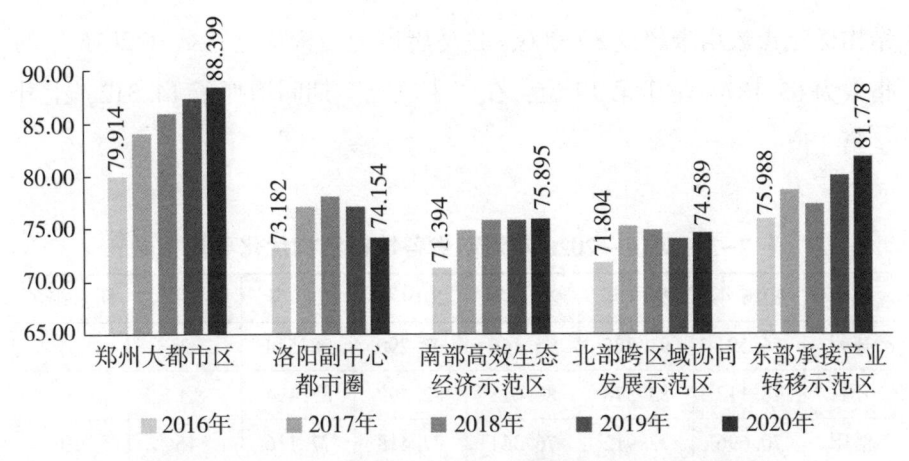

图7-6　2016—2020年河南省区域结构优化要素指数

数据来源：同图5-1。

河南省区域经济结构优化要素在"十三五"期间的指数水平表现出明显的差异，郑州大都市区与其他4个区域出现分层，且洛阳副中心都市圈的指数走势不同于其他区域，5个区域排名变化较大。郑州大都市区结构优化要素一直保持在第1位，对应的指数值从2016年的79.914提高至2020年的88.399，产业结构高级化和产业结构高效化支撑点指数在"十三五"期末分别达到84.297、91.056，有力地拉动了结构优化指数（见161页附表6）。洛阳副中心都市圈在"十三五"期初的指数为73.182,居于第3位,在2018年达到最高点后降至78.084,并下滑至末位,该指数与对应的产业结构高级化和产业结构高效化支撑点指数存在相同的走势,且都介于70.000~80.000之间,总的来说处于中等位置。在"十三五"期初,东部承接产业转移示范区、北部跨区域协同发展示范区的指数分别居于第2、第4位,南部高效生态经济示范区指数在2020年增加了4.501,从第5位上升至第3位。

（三）河南省地市结构优化要素

表7-3报告了河南省各个地市结构优化要素指数的综合表现。在"十三五"期末,表现最好的地市是郑州（98.514）、鹤壁（91.418）、开封（85.494）、商丘（83.727）、周口（80.086）,其他13个地市的结构优化指数均未超过80.000,驻马店市的结构优化指数在2016年的指数为65.187,位于第17位,在"十三五"期间增加了14.312,上升至第7位。

表7-3 2016—2020年河南省各地市结构优化要素指数

地市	2016年	2017年	2018年	2019年	2020年	期初排名	期末排名
郑州	86.591	91.226	95.166	97.290	98.514	2	1
开封	78.112	83.578	80.011	82.499	85.494	3	3
洛阳	70.696	72.912	76.361	77.418	77.116	15	10
平顶山	76.961	86.129	83.816	81.746	71.422	6	16
安阳	63.989	67.586	67.700	65.473	65.774	18	17
鹤壁	87.850	91.964	91.092	93.678	91.418	1	2
新乡	70.858	72.928	75.497	76.714	75.931	14	11
焦作	70.920	73.046	72.748	73.424	73.730	13	14
濮阳	74.203	76.774	76.190	75.102	77.587	9	8
许昌	74.637	80.160	79.806	79.322	79.996	8	6
漯河	73.623	75.351	76.563	76.975	71.980	11	15
三门峡	77.846	80.795	80.701	75.984	74.344	4	12

续表

城市	2016	2017	2018	2019	2020	期初排名	期末排名
南阳	73.014	75.356	75.282	74.284	73.901	12	13
商丘	77.165	82.055	78.515	82.411	83.727	5	4
信阳	73.741	79.085	77.379	78.100	77.402	10	9
周口	74.954	75.583	76.411	78.076	80.086	7	5
驻马店	65.187	69.582	74.710	75.203	79.500	17	7
济源	66.532	67.844	64.636	62.958	61.853	16	18

数据来源：同图5-1。

从河南省各个地市结构优化要素指数中的产业结构高级化支撑点指数来看（见174页附表21）：郑州市、鹤壁市在2020年的指数高于90.000，处于良好状态；漯河、济源、安阳、濮阳、周口、驻马店等6个地市的产业结构高级化在2020年仍处于较低水平，对应指数值小于70.000；在"十三五"时期，开封市、郑州市、驻马店市等的指数增幅最大，分别为8.440、7.542、6.342，但是济源市、三门峡市、平顶山市等的产业结构高级化支撑点指数出现较大幅度的下降。从河南省各个地市的结构优化要素指数中的产业结构高效化支撑点指数来看（见174页附表22）：郑州市、鹤壁市、开封市等在2020年的指数均高于90.000，处于良好状态；济源市、安阳市等在2020年的指数值小于70.000，处于较差状态；驻马店、郑州、洛阳、商丘、许昌等5个地市在"十三五"时期的指数增幅最大，分别为19.472、14.760、8.194、7.978、7.169；平顶山、济源、漯河、三门峡、南阳等5个地市的产业结构高效化支撑点指数在"十三五"时期有一定幅度的下降。

四、河南省税收经济运行质量总结

本章基于税收大数据，从主体运营、循环格局、结构优化等3个要素指数来分析河南省、区域层面、地市层面等运行质量。

（1）河南省经济运行质量指数在"十三五"期间呈现的走势总体

是上升的，由 2016 年的 75.828 上升到 2020 年的 82.936；就态势变化来看，以 2017 年为分界点，先快速上升随后减缓。从主体运营、循环格局、结构优化等 3 个要素指数的趋势来看，主体运营指数在 2018 年快速提高，在 2020 年略有下降，结构优化指数和循环格局指数呈阶段性上升态势；从 3 个要素的指数水平来看，主体运营指数明显高于同期循环格局指数和结构优化指数，循环格局指数一直处在末位。

（2）河南省运行质量的关键支撑点指数表现出较大的差异：营运能力支撑点指数逐年攀升，受减税降费政策的影响，纳税能力指数在后期大幅度下降，从而拉低了主体运营指数；循环格局要素的国内贸易支撑点指数在"十三五"期间不断攀升，对外开放指数持续走低，即地区内部循环持续畅通，国内贸易频繁，而受到国际贸易环境恶化的影响，河南省的对外开放度逐渐变差；产业结构高效化和产业结构高级化的指数变化趋势基本相同，且产业结构高级化的指数整体低于产业结构高效化支撑点指数，说明河南省的产业结构未来应该着重建设高级化这一方面。

（3）河南省区域运行质量指数在"十三五"期间与河南省总体走势基本相同，都是先快速上升后缓慢上升或微幅下降：郑州大都市区等 5 个区域的运行质量及构成要素指数排名在"十三五"期间均有较大的波动，郑州大都市区运行质量的构成要素指数在"十三五"期间持续领先其他 4 个区域，且高于河南省平均水平，主体运营要素不同于其他两个要素，呈先快速上升后下降的趋势；洛阳副中心都市圈在"十三五"期间的运行质量及构成要素指数，除结构优化要素的期末排名外，均处于第 2 位；北部跨区域协同发展示范区、东部承接产业转移示范区运行质量指数在"十三五"期初分别居于第 3、第 4 位，东部承接产业转移示范区在"十三五"期末迅速提高了 9.400，超过北部跨区域协同发展示范区位列第 3 位；南部高效生态经济示范区始终处于末位。

（4）河南省地市运行质量要素指数都存在一定程度的改善，济源、郑州、漯河、新乡、开封等 5 个地市的运行质量要素指数较好，在省内居于领先位置，另外从区域来看，郑州、洛阳等 5 个中心城市的运行质量分别位列第 2、10、18、8、7 位。其中，郑州市的 3 个要素指数均处于较高水平；济源、漯河、南阳、新乡等 4 个地市的结构优化要素指数排名靠后；开封市的主体运营指数、循环格局要素指数排名居于 10 位以后。说明除郑州市外的 4 个地市在主体运营、循环格局、结构优化等要素方面对其他地市的引领效应是有限的。

第八章 河南省"十三五"时期税收经济运行效率分析

河南省经济运行效率在"十三五"期间呈现出明显的波动趋势，其中郑州大都市区、南部高效生态经济示范区的运行效率相对于"十三五"期初有一定程度的下降，洛阳副中心都市圈、北部跨区域协同发展示范区、东部承接产业转移示范区的运行效率呈现出"U"型转折。本章从税收经济运行效率的投入效率、产出效率、环境效率三要素来解析河南省、经济区域、地市等的经济运行；在区域对比分析、地市特征解读等基础上分析河南不同区域层面的经济运行效率情况。

一、投入效率要素综合分析

（一）河南省投入效率要素

总体来看，河南省投入效率要素指数在"十三五"期间呈现出明显波动特征（见图8-1），投入效率要素指数在2016年的84.311和2020年的81.574之间呈现出先下降后回升的波动趋势。2016年，劳动效率和资本效率等支撑点指数分别为80.756、88.040，即在技术、产出、环境等不变的条件下，劳动和资本等边际生产效率分别可以提高19.244%和11.960%；到2020年，劳动效率支撑点指数和资本效率支撑点指数均保持在81.000左右。综上所述，河南省投入效率要素的两个支撑点指数在"十三五"期间呈现出明显的波动，并且资本效率指数在"十三五"期间有明显的下降，因此河南省应该在给定资源约束条件下通过创新、协调、开放等机制来提升要素生产率。

第八章 河南省"十三五"时期税收经济运行效率分析

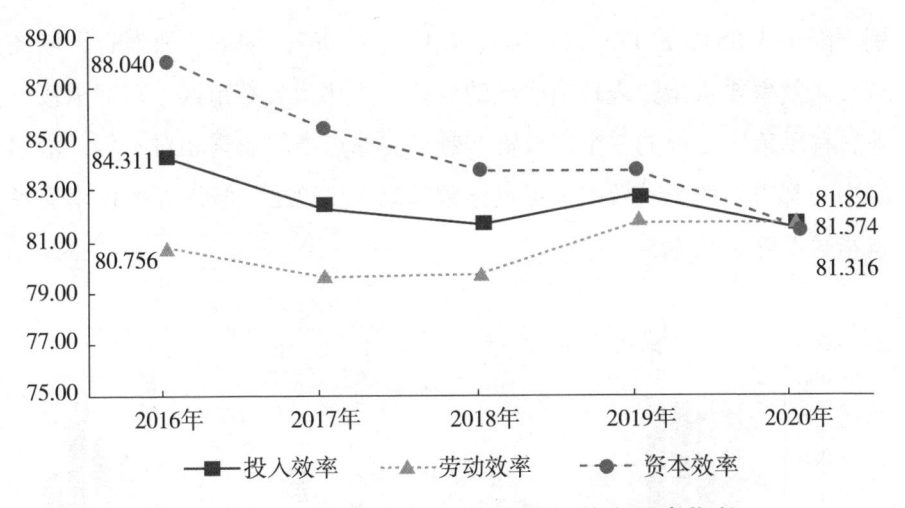

图 8-1 2016—2020 年河南省投入效率要素指数

数据来源：同图 5-1。

(二) 河南省区域投入效率要素

河南省区域投入效率要素指数在"十三五"期间呈现出明显的异化特征，且各区域均有明显的波动（见图 8-2）。在 2016 年，郑州大都市区和东部承接产业转移示范区的投入效率要素指数在 85.000 以上，但洛阳副中心都市圈、南部高效生态经济示范区、北部跨区域协同发展示范区等区域指数在 70.000 以上，由此可见这 3 个区域的投入效率处于相对较低水平。到 2020 年，郑州大都市区投入效率要素指数下降至 90.490，但仍处于较高水平；南部高效生态经济示范区、北部跨区域协同发展示范区、东部承接产业转移示范区等 3 个区域均有不同程度的下降，其中，南部高效生态经济示范区的下降幅度最大，在"十三五"期间下降了 6.424。

从投入效率支撑点指数（见 162 页附表 7）来看，2020 年，郑州大都市区的劳动效率指数为 90.283，洛阳副中心都市圈、北部跨区域协同发展示范区、东部承接产业转移示范区指数分别达到 83.303、72.634、84.145，南部高效生态经济示范区指数仅为 66.713。郑州大都市区、洛阳副中心都市圈、南部高效生态经济示范区、北部跨区域协同发展示范区、东部承接产业转移示范区等区域的资本效率支撑点指数分别下降了 3.854、8.175、11.307、7.179、6.052。因此，河南省区域经济投入效率要素指数表现出明显的波动，除郑州大都市区、东部承接产业转移示范区之外的 3 个区域资本效率支撑点指数表现相对不佳，洛阳副中心都市圈的劳动效率支撑点指数提高了 7.922，但是资本效率支撑点指数下降了 8.175。

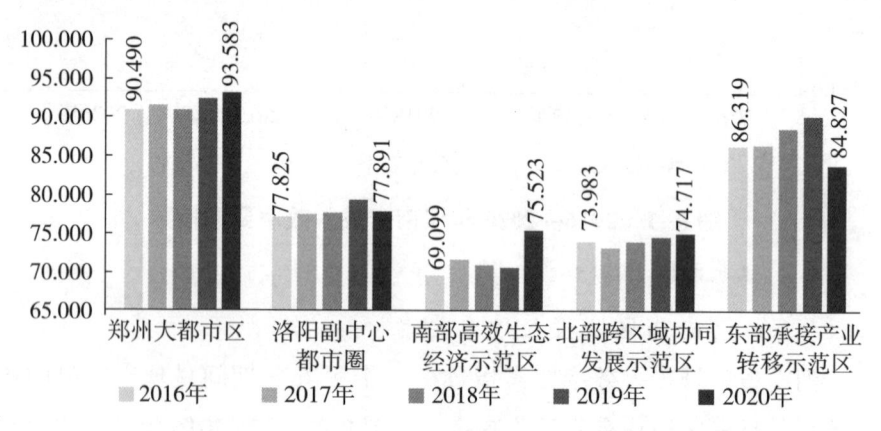

图 8-2　2016—2020 年河南省区域投入效率要素指数

数据来源：同图 5-1。

在"十三五"期间，河南省投入效率要素指数的区域排名没有明显变化。在"十三五"期初，郑州大都市区第一，东部承接产业转移示范区、洛阳副中心都市圈、南部高效生态经济示范区指数以 86.319、77.825、75.523 居第 2~4 位，北部跨区域协同发展示范区为 74.717 分，排名最后。在"十三五"期末，郑州大都市区、东部承接产业转移示范区、洛阳副中心都市圈指数的排名没有变化，仍保持在前 3 位，北部跨区域协同发展示范区指数排名上升 1 个位次，而南部高效生态经济示范区指数下降至第 5 位，与北部跨区域协同发展示范区指数排名偶有交替。郑州大都市区指数排名较高的原因在于郑州和许昌等地市投入效率要素指数排名位居前列。从全省来看，郑州大都市区和东部承接产业转移示范区的投入效率指数高于河南省平均水平；区域之间的差距有所减少，以洛阳副中心都市圈为例，其与郑州大都市区的差距从 2016

年的 15.758 减少到 2020 年的 12.599，说明区域之间投入效率有收敛趋势。

（三）河南省地市投入效率要素

表 8-1 报告了河南省各地市投入效率要素指数的综合表现。

表 8-1　2016—2020 年河南省各地市投入效率要素指数

地市	2016 年	2017 年	2018 年	2019 年	2020 年	期初排名	期末排名
郑州	100.000	100.000	100.000	100.000	100.000	1	1
开封	100.000	88.406	81.849	81.305	72.812	2	14
洛阳	78.147	77.448	77.970	79.562	77.914	9	7
平顶山	81.852	80.747	80.820	81.539	79.512	6	6
安阳	73.947	72.507	74.580	75.435	76.237	12	8
鹤壁	77.246	75.732	75.939	76.830	74.361	10	9
新乡	71.546	71.863	72.889	73.858	72.818	15	13
焦作	78.864	77.397	79.518	81.549	79.702	8	5
濮阳	74.449	72.660	72.088	72.284	70.736	11	15
许昌	100.000	95.315	92.534	100.000	96.102	3	3
漯河	79.908	76.378	76.520	76.189	73.648	7	10
三门峡	73.268	73.285	73.089	74.493	73.141	13	12
南阳	69.576	68.289	67.879	68.462	66.893	17	17
商丘	70.749	69.345	69.069	68.984	67.342	16	16
信阳	68.440	67.588	67.585	66.384	65.474	18	18
周口	100.000	100.000	91.169	95.988	100.000	4	2
驻马店	89.823	78.718	76.402	75.525	73.596	5	11
济源	73.116	75.755	78.600	83.168	83.916	14	4

数据来源：同图 5-1。

郑州是河南省各个地市投入效率要素指数发展程度最高的城市，其投入效率指数保持在 100.000 的水平，与郑州市的技术水平较高、人力资本积累水平高、社会制度高效的经济事实是一致的。在"十三五"

期初，郑州、开封、许昌、周口等地市的投入效率指数均为100.000，处于全省的投入生产前沿面上；洛阳、平顶山、安阳、鹤壁等12个地市的指数在70.000~90.000之间；南阳市（69.576）、信阳市（68.440）的指数处于较低水平。各市的投入效率要素指数在"十三五"期间都有小幅波动，在"十三五"期末，郑州市、周口市的指数保持在100.000的水平；开封、驻马店、济源等地市相对"十三五"期初有大幅度的下降，分别降低27.188、16.227、10.800；南阳、商丘、信阳等地市投入效率指数低于70.000，处于较低水平。

从"十三五"期末的投入效率要素支撑点指数来看，劳动效率支撑点指数（见175页附表23）表现最好的5个地市分别是郑州（100.000）、周口（100.000）、许昌（98.574）、济源（95.773）、三门峡（87.787），均处于优秀或良好水平。资本效率支撑点指数（见176页附表24）表现最好的5个地市分别是郑州（100.000）、周口（100.000）、许昌（93.509）、平顶山（87.464）、驻马店（84.747），除郑州、周口、安阳、济源等地市外，许昌、平顶山、驻马店等14个地市的资本效率支撑点均有所下降。除郑州、焦作、新乡、济源、洛阳、南阳、三门峡等7个地市外，周口、许昌、平顶山等11个地市的劳动效率支撑点指数均明显低于资本效率支撑点指数，对应的差距在1.614~37.402之间（见176页附表24），说明大多数地市存在劳动效率不高的现象。

二、产出效率要素综合分析

（一）河南省产出效率要素

河南省产出效率要素指数在"十三五"期间表现出轻微的波动态势（见图8-3）。产出效率要素指数从2016年的82.798下降到2018年的80.000，并在2020年（80.508）保持在80.000水平。具体来看，产出效率要素支撑点指数在2016—2020年期间有小幅度的下降趋势；经济产出效率支撑点指数从2016年的85.509下降至2020年的82.326，表明在其他因素不变的条件下，河南省实际经济产出有所下降，但仍处于相对较高水平；税收产出效率支撑点指数在2016年（80.336）表现相对较好，但2017—2020年保持在80.000以下，即河南省边际税收产出效率处于相对较低水平。

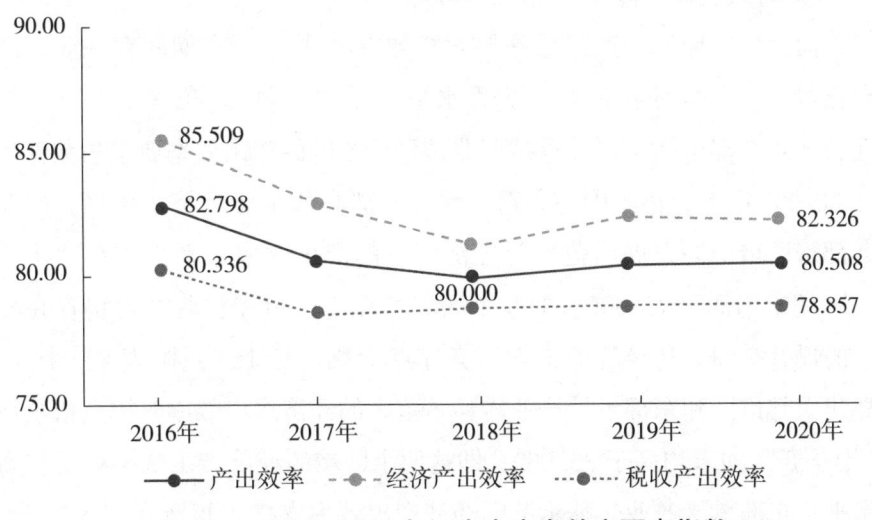

图8-3　2016—2020年河南省产出效率要素指数

数据来源：同图5-1。

河南省产出效率要素的经济产出效率支撑点指数和税收产出效率支撑点指数在"十三五"期间都呈现出先下降后微弱上升的状态，而经济产出效率支撑点指数明显高于税收产出效率支撑点指数。由于河南省在"十三五"期间面临"去产能、补短板、去库存、降成本、去杠杆"等复杂宏观经济环境，河南省持续贯彻"减税降费"政策以支持经济转型和经济高质量发展，从而导致税收产出效率处于相对较低水平。与此同时，"减税降费"政策在短期内提升市场主体的运营能力并抑制经济产出效率的下降。具体来看，在2018—2020年，经济产出效率指数和税收产出效率指数均有一定程度的提升，对应的指数值分别从81.313和78.807提高至82.326和78.857，说明"减税降费政策"也在逐步发挥作用，市场主体运营能力的改善也带来了经济产出的扩张和税收产出的增长。值得关注的是，河南省 2020 年的经济产出效率支撑点指数和税收产出效率支撑点指数相对于 2019 年并没有显著的下降，说明河南省在应对新冠肺炎疫情冲击过程中呈现出良好的经济韧性。

（二）河南省区域产出效率要素

河南省区域经济产出效率要素指数在"十三五"期间存在明显的异化特征，但均处在良好或优秀水平（见图 8-4）。在"十三五"期间，郑州大都市区、东部承接产业转移示范区的产出效率要素指数保持在 80.000 以上，洛阳副中心都市圈、南部高效生态经济示范区，以及北部跨区域协同发展示范区等经济区域的产出效率要素指数在"十三五"期末仍低于 75.000，即 5 个区域的经济产出和税收产出仍存在较大的提升空间。从经济产出效率支撑点指数（见 163 页附表 8）来看，郑州大都市区和东部承接产业转移示范区的经济产出效率支撑点指数在"十三五"期末均高于 85.000，即这两个区域的经济产出效率处于较高水平；东部承接产业转移示范区经济产出效率支撑点指数在"十三五"期末提高了 3.856，达到 92.251，而郑州大都市区等 4 个区域的经济产出效率支撑点指数在"十三五"期间有明显下降，降幅在 1.396~6.552

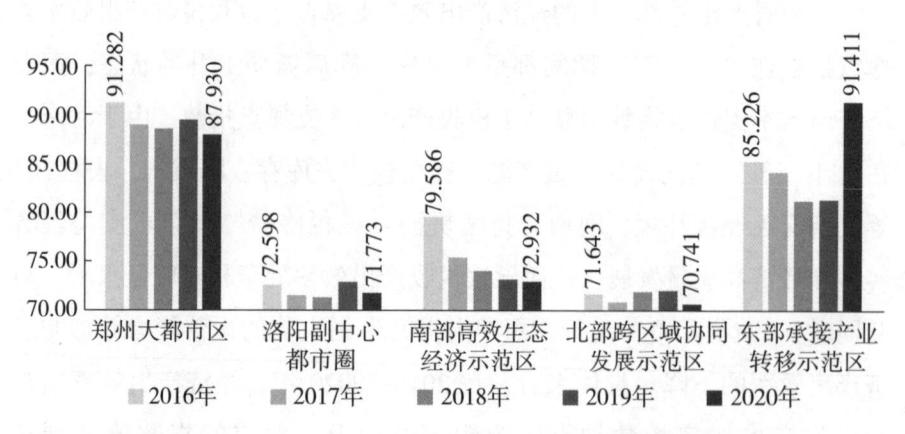

图 8-4 2016—2020 年河南省区域产出效率要素指数

数据来源：同图 5-1。

之间。从税收产出效率支撑点指数来看：东部承接产业转移示范区税收产出效率支撑点指数在"十三五"期间提高了8.301；郑州大都市区、洛阳副中心都市圈、南部高效生态经济示范区的税收产出效率支撑点指数分别下降了3.256、0.306、6.748；北部跨区域协同发展示范区的税收产出效率支撑点指数提高了3.655，在2020年达到70.170，但仍处于相对较低水平。

郑州大都市区等5个区域在"十三五"期间均存在税收产出效率支撑点指数高于经济产出效率支撑点指数的现象。在"十三五"期末，南部高效生态经济示范区的税收产出效率支撑点指数相对于经济产出效率支撑点指数高出8.228，其他4个区域的差距则介于1.201~3.686之间。在"十三五"期间，北部跨区域协同发展示范区的经济产出效率支撑点指数与税收产出支撑点指数之间的差距迅速降低，从"十三五"期初的10.773降低到"十三五"期末的1.201，并且其两个支撑点指数在"十三五"期间具有明显的上升，说明该区域实现了经济产出和税收产出的同步提升；南部高效生态经济示范区支撑点指数差距在"十三五"期间并没有明显变化，依然处于较高水平，并且两个支撑点指数在"十三五"期间均有明显的下降，说明南部高效生态经济示范区在推行减税降费的同时也应该注重提质增效；郑州大都市区、洛阳副中心都市圈、东部承接产业转移示范区等3个区域的支撑点指数差距在"十三五"期间有较小幅度的收窄。

河南省产出效率要素指数的区域排名在"十三五"期间并没有明显的变化。表现较好的区域仍是郑州大都市区、东部承接产业转移示范区和南部高效生态经济示范区。在"十三五"期末，郑州大都市区不再位居全省第一，被东部承接产业转移示范区反超，原因是郑州大都市区内的焦作市和信阳市的产出效率指数一直位于全省末尾。同时，东部承接产业转移示范区中的商丘市产出效率指数大幅提高，而周口市的产出效率一直与郑州市接近，从而形成2020年的反超之势。在河南省区域产出效率要素指数的排名中，洛阳副中心都市圈的表现持续不佳，主要原因在于洛阳自身产出效率指数靠后，在 2016 年和 2020 年分别位居第 9 位、第 14 位，无法起到带领作用。需要注意的是，产出效率指数在区域基本呈现下降趋势，其中，南部高效生态经济示范区指数在 2020 年仅达到 72.932，下降了 6.655，郑州大都市区产出效率指数也明显下降，仅有东部承接产业转移示范区产出效率指数有小幅上升。

（三）河南省地市产出效率要素

表 8-2 报告了河南省各个地市产出效率要素指数的综合表现。郑州市具有较高的产出效率水平，产出效率要素指数在"十三五"期间保持在 100.000 的水平；许昌市、周口市的产出效率要素指数在 2020 年达到 90.000 以上，处于优秀状态；开封、漯河、商丘、济源等 4 个地市的产出效率要素指数在 80.000 ~ 90.000 之间，处于较好水平；洛阳、平顶山、安阳等 11 个地市的产出效率指数在"十三五"期末低于 80.000，处于相对较差水平，表明这 11 个地市亟须通过实现经济发展的集约化和共享化来提升要素生产率和改善公共品供给，从而提高自身及所在区域的经济产出效率指数和税收产出效率指数。从"十三五"期末的产出效率要素支撑点指数（见 177 页附表 25 和 177 页附表 26）来看，郑州市、周口市、许昌市的经济产出效率要素支撑点指数和税收产出效率支撑点指数均在 90.000 以上，处于优秀状态；驻马店、开封、平顶山、商丘、信阳、三门峡、漯河、安阳、鹤壁等 9 个地市的经济产出效率支撑点指数介于 85.573 ~ 71.374 之间，处于相对较低水平，焦作、南阳、濮阳、洛阳、新乡等地市的经济产出效率支撑点指数表现不佳，其中新乡市的经济产出效率指数为 58.534，处于较差状态。

表 8-2 2016—2020 年河南省各地市产出效率要素指数

城市	2016 年	2017 年	2018 年	2019 年	2020 年	期初排名	期末排名
郑州	100.000	100.000	100.000	100.000	100.000	1	1
开封	100.000	86.976	85.115	84.990	82.924	2	5
洛阳	73.305	70.561	67.489	68.548	65.985	9	14

续表

城市	2016年	2017年	2018年	2019年	2020年	期初排名	期末排名
平顶山	82.214	81.907	81.690	81.264	77.360	7	9
安阳	72.324	69.586	74.453	76.017	77.108	10	10
鹤壁	71.478	71.018	71.277	70.716	67.029	11	13
新乡	64.626	65.101	65.639	64.902	61.996	16	17
焦作	67.892	64.103	65.113	65.504	61.472	15	18
濮阳	70.776	72.518	68.770	67.320	64.102	12	16
许昌	100.000	96.685	93.396	100.000	96.516	3	3
漯河	87.498	84.156	82.603	81.565	81.265	6	7
三门峡	60.904	59.647	63.657	68.106	74.769	18	11
南阳	68.491	67.238	64.838	66.402	65.113	13	15
商丘	68.412	66.216	65.757	66.365	81.514	14	6
信阳	73.939	75.943	76.837	73.222	73.841	8	12
周口	100.000	100.000	94.989	94.872	100.000	4	2
驻马店	98.598	83.032	80.588	79.094	79.406	5	8
济源	63.787	73.336	82.671	88.476	86.757	17	4

数据来源：同图5-1。

三、环境效率要素综合分析

（一）河南省环境效率要素

河南省环境效率要素指数在"十三五"期间表现出明显的"U"型变化（见图8-5）。在"十三五"期初，河南省环境效率指数为80.972，即在不改变技术、投入、产出的条件下，河南省环境状况存在19.028%的改善空间。河南省环境效率指数在2016—2018年期间有一定幅度的下降，但是在2018年之后呈现出回升态势，并且"十三五"期末的环境效率指数明显高于"十三五"期初，即河南省在"污染防治攻坚战"取得了良好的成绩。

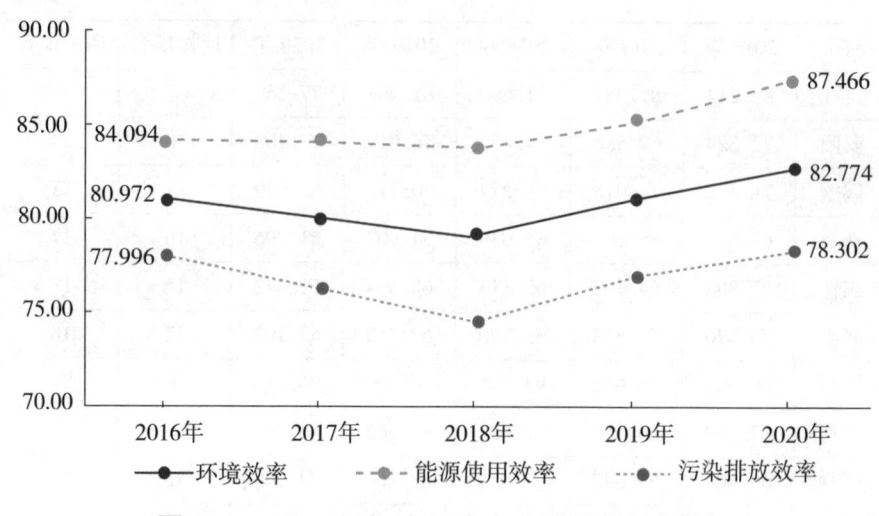

图 8-5 2016—2020 年河南省环境效率要素指数

数据来源：同图 5-1。

河南省能源使用效率支撑点指数和污染排放效率支撑点指数在"十三五"期间均有一定程度的改善。具体来看：能源使用效率支撑点指数从 2016 年的 84.094 提高至 2020 年的 87.466，在"十三五"期末处于良好状态，说明河南省在"十三五"期间推行"强化节能环保标准约束、准入管理和节能审查、严格行业规范"等政策制度取得了良好的效果；污染排放效率支撑点指数在"十三五"期间有微弱的上升，但支撑点指数在"十三五"期末仅为 78.302，即污染排放效率仍处于相对较低水平，说明河南省仍需持续推进产业结构的优化升级，沿着高质量发展的路径来实现经济发展和污染防治的双赢。

(二) 河南省区域环境效率要素

河南省区域环境效率要素指数在"十三五"期间呈现明显的异化特征，部分区域表现出上升趋势（见图 8-6）。在"十三五"期初，郑州大都市区、东部承接产业转移示范区的环境效率指数保持在 80.000 以上，并在"十三五"期末超过 85.000，即这两个区域的环境效率处于良好状态；南部高效生态经济示范区的环境效率要素指数在"十三五"期间介于 75.743~78.286 之间，处于相对较低水平；洛阳副中心都市圈、北部跨区域协同发展示范区等区域的环境效率要素指数有明显提升，但在"十三五"期末仍未达到 75.000 以上，处于相对较差水平。

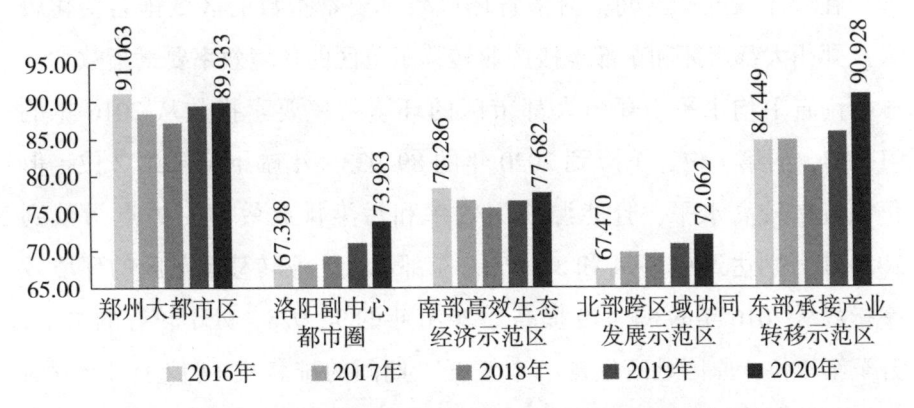

图 8-6　2016—2020 年河南省区域环境效率要素指数

数据来源：同图 5-1。

从河南省区域层面环境效率的两个支撑点指数（见 164 页附表 9）来看，郑州大都市区、南部高效生态经济示范区、东部承接产业转移示范区等 3 个区域在"十三五"期初的能源使用效率支撑点指数分别达到 91.780、86.139、86.144，处于优秀或良好状态。而洛阳副中心都市圈和北部跨区域协同发展示范区的能源使用效率支撑点指数低于 75.000，处于相对较低水平；在"十三五"期间，5 个区域的能源使用效率支撑点指数均有一定程度的提高，其中东部承接产业转移示范区、洛阳副中心都市圈、北部跨区域协同发展示范区等提高相对较大，分别达到 9.687、7.036、7.971，即各个区域的节能工作均取得良好成绩。对于污染排放效率支撑点，郑州大都市区和东部承接产业转移示范区的支撑点指数在"十三五"期末超过 85.000，处于良好状态，而洛阳副中心都市圈等 3 个区域都低于 71.000，处于相对较差水平；北部跨区域协同发展示范区、东部承接产业转移示范区、洛阳副中心都市圈等 3 个区域的污染排放效率支撑点指数在"十三五"期间有显著的提升，对应的增幅分别为 2.262、3.423、5.262，即这 3 个区域的污染防治工作取得良好成绩，而郑州大都市区、南部高效生态经济示范区等区域的污染防治工作成果则出现了一定程度的下降。

在"十三五"期间，河南省环境效率要素指数的区域排名变化较大。郑州大都市区和东部承接产业转移示范区的环境效率要素指数均高于河南省平均水平。郑州大都市区的环境效率要素指数从 2016 年的 91.063，居第 1 位，下降到 2020 年的 89.933，小幅下降至第 2 位，但仍保持在较高水平，且能源使用效率和污染排放效率支撑点指数到 2020 年分别达到 91.994 和 87.969。东部承接产业转移示范区的环境效率指数从 2016 年的 84.449 提高至 2020 年的 90.928，处于较好的水平，升至第 1 位，原因是商丘在"十三五"期间的排名从 14 位上升至第 4 位。南部高效生态经济示范区、洛阳副中心都市圈、北部跨区域协同发展示范区等 3 个区域的环境效率要素指数在"十三五"期末的指数分别为 77.682、73.983、72.062，排名分居第 3~5 位，处于良好状态。洛阳副中心都市圈排名落后的原因是都市圈内 4 个地市的指数值排名基本都在 10 位以后。

（三）河南省地市环境效率要素

表（8-3）报告了河南省各个地市环境效率要素指数的综合表现。郑州市和周口市的环境效率要素指数在"十三五"期间保持在 100.000 的水平上，许昌市（99.120）、商丘市（80.475）的环境效率指数在 2020 年处于良好状态。开封、洛阳、平顶山等 14 个地市的环境效率指数在"期末"均不超过 80.000。处于相对较低的状态，说明经济运行中消耗自然资源或排放污染的状况相对较差。郑州、周口、许昌等 3 个地市在 2020 年的能源使用效率支撑点指数（见 178 页附表 27）和污染排放效率支撑点指数（见 179 页附表 28）均在第 1~3 位；开封、鹤壁、漯河、三门峡等地市的能源使用效率支撑点指数在 2020 年分别为 91.284、84.260、90.387、89.372，这 4 个地市的污染排放效率支撑点指数在 2020 年仅为 69.107、61.465、63.093、64.363，明显低于能源使用效率支撑点指数；在"十三五"期末，平顶山、南阳、安阳、濮阳、驻马店、商丘、信阳等7个地市的两个支撑点指数（能源使用、污染排放）差距介于10.305~20.939之间，说明这些城市的污染物的边际减排效率较低。

表8-3 2016—2020年河南省各地市环境效率要素指数

城市	2016年	2017年	2018年	2019年	2020年	期初排名	期末排名
郑州	100.000	100.000	100.000	100.000	100.000	1	1
开封	100.000	80.951	76.874	78.200	79.929	2	5
洛阳	66.923	68.298	70.202	72.443	75.792	13	11
平顶山	69.037	68.720	67.877	69.101	71.796	12	14
安阳	63.852	65.481	66.364	68.138	71.479	17	15
鹤壁	70.577	71.650	71.963	72.829	72.589	10	12
新乡	65.428	65.908	65.808	67.209	70.126	15	16
焦作	65.338	65.514	66.384	67.977	68.478	16	17
濮阳	70.882	74.079	72.598	72.815	72.569	9	13
许昌	100.000	95.024	88.068	100.000	99.120	3	3
漯河	76.244	76.021	75.717	75.876	76.412	7	10
三门峡	69.518	69.347	71.023	73.030	76.567	11	9
南阳	73.855	74.712	73.988	76.642	77.708	8	7
商丘	66.750	67.552	68.122	71.737	80.475	14	4
信阳	78.216	79.280	78.792	77.756	79.267	6	6
周口	100.000	100.000	93.120	97.944	100.000	4	2
驻马店	86.471	77.903	75.361	75.798	76.752	5	8
济源	60.000	60.407	61.740	62.156	62.163	18	18

数据来源：同图5-1。

四、河南省税收经济运行效率总结

本章基于税收大数据，从投入效率、产出效率、环境效率等3个要素指数来分析河南省、区域层面、地市层面等运行效率。研究发现如下：

第一，河南省经济运行效率指数在"十三五"期间呈现出明显的波动特征：投入效率、产出效率、环境效率等要素指数在"十三五"期间呈现出先下降后上升的趋势；投入效率和产出效率等要素指数在"十三五"期末的表现相对低于"十三五"期初；环境效率要素指数在2018年之后呈现出一定幅度的提升，在"十三五"期末表现优于"十三五"期初；在期末，投入效率、产出效率、环境效率等要素指数均在80.000以上，说明河南省运行效率在"十三五"期末处于良好水平。

第二，河南省运行效率各要素支撑点指数有明显的差异：从投入效率要素来看，劳动效率支撑点指数在"十三五"期间呈现出波动性上升趋势，而资本效率支撑点指数则呈现出波动型下降趋势，并且劳动效率支撑点指数在"十三五"期末超过资本效率支撑点指数，说明新旧动能转化下劳动和以劳动为载体的人力资本成为河南经济高效率运行的保障；从产出效率来看，经济产出效率支撑点指数在"十三五"期间持续高于税收产出效率支撑点指数，但是二者之间的差距在2018年之后有进一步扩大的迹象，说明统筹经济产出效率和税收产出效率是关系经济高质量发展的关键；从环境效率来看，能源使用效率和污染排放效率在2018年之后都有明显的提高，但是能源使用效率支撑点指数依然领先污染排放效率支撑点指数，说明河南省在"污染防治攻坚战"中不仅应该着力于节能环保制度的持续推进，而且应该从产业结构转型升级和生产要素的高效使用等角度出发来优化环境质量。

第三，河南省经济运行效率指数存在较大的区域差异。郑州大都市区在投入效率、产出效率、环境效率等要素指数都领先于其他4个区域，但是其运行效率指数呈现出波动下降趋势。东部承接产业转移示范区的运行效率要素指数在"十三五"期间都位列全省第2名，并且产出效率和环境效率指数在"十三五"期末有明显提高。洛阳副中心都市圈、南部高效生态经济示范区、北部跨区域协同发展示范区等区域的投入效率指数、产出效率指数、环境效率指数均处于相对较低水平，并且在"十三五"期间没有明显的改善。在"十三五"期初，5个区域的劳动效率支撑点指数均明显低于资本效率支撑点指数，二者之间的差距到"十三五"期末有明显降低；在"十三五"期末，5个区域都存在经济产出效率支撑点指数高于税收产出效率支撑点指数的特征，但是二者之间的差距相对于"十三五"期初有大幅度缩小；在"十三五"期间，能源使用效率支撑点指数明显高于污染排放支撑点指数，并且二者差距并没有缩小的趋势，说明河南省各个区域在环境保护中应该更加关注污染物排放的治理问题。

第四，河南省各地市经济运行效率指数的分析结果如下。在"十三五"期初，郑州、开封、许昌、周口等4个地市的投入效率、产出效率、环境效率等均处于生产前沿，但是开封市和许昌市到"十三五"期末退出生产前沿。在"十三五"期间，开封市和驻马店市的经济运行效率有明显的下降，对应的降幅分别达到22.181和15.263；除郑州、安阳、新乡、焦作、周口、济源之外的12个地市的投入效率指数有显著的下降；开封、洛阳、平顶山、鹤壁等4个地市的产出效率指数表现出下降特征；除开封、许昌、驻马店之外的15个地市的环境效率表现较好，分别处于生产前沿或有一定的上升趋势。

第九章 推动河南省高质量发展的政策含义

　　本章基于税收经济运行指数的评价结果,结合《中华人民共和国国民经济和社会发展第十四个五年规划和二〇三五年远景目标纲要》和《河南省国民经济和社会发展第十四个五年规划和二〇三五年远景目标纲要》,以深入贯彻新发展理念和融入新发展格局为基准,以推动河南省高质量发展为目标,从"完善区域创新体系、构建现代产业体系、融入国内国际循环、提升中心城市能级、加强环境综合治理"五个方面来解析税收经济运行指数评价结果的政策含义。

一、完善区域创新体系,加快建设科技高地

　　税收经济运行指数显示河南省科技创新水平在"十三五"时期呈现出快速提升状态,科技创新要素指数从2016年的72.668提高至2020年的80.506,并且在"十三五"期末达到良好状态。然而,河南省在科技创新方面依然存在较多问题:①科技主体创新能力存在较大提升空间,即高技术制造业或服务业市场主体的经营状况表现不佳;②科技创新要素指数存在明显的区域差异,郑州大都市区的科技创新要素指数处于相对较高水平,但是洛阳副中心都市圈等4个区域的科技创新要素指数处于较低水平,从而不利于区域间协调发展;③科技创新的产出效应不佳,即河南省市场主体的运营能力在2017年之后并没有得到有效改善,并且主体纳税能力有较大幅度下降。因此,河南省需要从"科技人才引育、关键技术研发、共性技术平台、科技成果转化"等方面来构建中部地区科技创新高地。

　　(1)围绕科技创新生态系统,整合多方科研资源。科技创新生态系统是包括河南省各级政府、高技术企业、研发市场主体、高等科研院

所、科技服务平台、科技创新交流活动等在内的综合体，通过有效的"人才引育、科学研究、技术开发、公共政策、创业活动"等活动来推进科技创新能力、提升科技创新成果、促进科技成果转化等。科技创新生态系统的打造需要整合多方科研资源：①以"高校+政府"模式来推动基础科学研究和科技人才引育，推动各地市与国内外高水平大学共建科学研究和人才培养平台；②以"政府+企业"模式来推动前沿技术研发，推动各地区重点龙头企业攻克或提升产业内关键技术；③以"高校+企业"模式来促进科研成果转化，推动高水平创新平台或实验室转型升级，着力培育科技型中小企业。

（2）围绕战略性新兴产业链，推动关键技术研发。河南省在《河南省国民经济和社会发展第十四个五年规划和二〇三五年远景目标纲要》明确提出构建以智能终端、智能装备、新能源与网联企业、5G移动通信、智能传感器、生物医药、网络安全、新材料等10个战略性新兴产业链。河南省打造战略性新兴产业链亟须推动关键技术研发：①强化以政府为主体的科技发展规划管理，建立围绕战略性新兴产业链的技术管理机制，动态追踪关键共性技术、行业前沿技术、尖端工程技术、行业颠覆性技术等；②推动战略性新兴产业链内企业市场主体建立联合创新平台，协同推进关键技术的研发和突破，形成具有行业领导力的科技创新平台；③鼓励高等院校、行业协会、龙头企业等组织跨学科、跨领域、跨产业的技术交流会，推动郑州、洛阳、南阳、商丘、安阳等区域中心城市建立战略性新兴产业链的技术交流交易中心。

（3）围绕重要创新成果转化，促进科技产业融合。科技创新成果的转移转化是联系科技与经济的重要环节，是实现科技创新推动产业结构高级化和高度化的重要路径，是拓展经济发展新动能的重要方式。河南省从科技与产业融合发展的角度来促进重要创新成果转化：①提升科技成果转化平台的运行效能，持续推进国家知识产权专利审查协作河南中心、国家技术转移郑州中心网络平台、中国知识产权保护中心（新乡）、国家知识产权运营公共服务平台等成果转化转移平台的建设，逐步打造河南省技术市场交易中心；②依托高等院校、科研院所等打造创业平台，组建以关键核心技术、关键共性技术、前沿工程技术等为导向的创新创业联盟，实现从研究到产品、从技术到市场、从研发到创业等的密切对接；③鼓励政府产业引导基金、省内外投融资公司、天使投资基金等与省内科技创新平台、创新创业联盟等开展深度合作，推动创新成果的商业化应用。

二、构建现代产业体系，有力支撑经济强省

河南省产业结构在"十三五"期间实现了从"二三一"① 到"三二一"的转变，结构优化指数也从 2016 年的 75.699 提高至 2020 年的 81.130。然而，河南省在构建现代产业体系中依然面临诸多挑战：①高技术产业占比依然较低，只有郑州市高技术制造业销售额占工业销售额的份额在 2020 年超过 50%，其他 17 个地市都在 21%以下；②各地市的支柱产业存在同质化倾向，各地市在《国民经济和社会发展第十四个五年规划和二〇三五年远景目标纲要》中明确提出的主导产业或支撑产业中更多偏向于装备制造、电子电器、绿色食品、生物医药等产业；③主导产业或支柱产业的产业链条相对较短，河南省在装备制造、电子信息、生物医药、绿色食品等方面具有较好的产业优势，但是相关的产业集聚更多停留在产业链的某一环节，比如电子信息产业中高度依赖终端装配环节，绿色食品产业更多停留在生产制造环节，生物医药产业缺乏生物安全防护三级实验室（P3 实验室）、标准化技术平台、安全性评价中心等关键平台。因此，河南省需要从"优先现代农业、做实新兴产业、做强消费产业、做优产业链条"等角度来打造现代产业体系，构建区域核心竞争力。

（1）坚持优先现代农业，推进乡村振兴。河南省人民政府在《关于加快推进农业高质量发展建设现代农业强省的意见》（豫政〔2020〕

---

① "二三一"分别指第二产业、第三产业、第一产业。

21号）中提出河南农业高质量发展需要按照"布局区域化、生产标准化、经营规模化、发展产业化、方式绿色化、产品品牌化"等来构建现代农业体系。因此，河南省应该坚持优先发展现代农业以推动乡村振兴：①构建现代农业科技服务体系，河南省应该针对各个地市现代农业的生产条件、种植结构、产业基础等，进一步优化农业科技推广的机构布局，进一步提升农业科技推广机构的服务水平，进一步强化以农民满意为目的的农业科技机构的管理体制，着力推动"绿色生产、稳产增产、保障质量"等关键农业科学技术；②构建现代农业市场服务体系，建立以市场为导向和以效益为中心的农业供销合作社，推动农业生产活动的跨期优化配置，降低农产品及其产业链延伸产品的市场交易成本，着力拓展现代农业的产业链条，稳步优化现代农业的价值链条和利益分配机制；③构建现代农业的制度标准体系，制定符合绿色发展要求的现代农业生产技术标准、农业基础设施标准和农业机械化标准，持续推进重要农产品基地建设，大力发展绿色有机农产品、农产品加工业和智慧农业。

（2）坚持做实新兴产业，促进产业升级。《河南省"十四五"规划和二〇三五年远景目标纲要》提出实施战略性新兴产业跨越工程，着力打造新型显示和智能服务终端、生物医药产业、节能环保、5G移动通信等10个战略性新兴产业链，形成10个千亿级新兴产业集群。河南省应该围绕战略性新兴产业链，以做实新兴产业来推动河南省产业结构的优化升级：①以关键技术攻关来培育战略性新兴产业，支持优势企业或企业集群选择战略性新兴产业链中的关键技术开展科学攻关活动，争取在"十四五"时期实现战略性新兴产业关键技术的集中性突破；②促进支柱产业向战略性新兴产业转型，河南省在装备制造、现代纺织、绿色食品制造、电子信息、先进金属材料等领域具备良好的产业基础，并且支柱产业企业拥有良好的研发创新体系、完善的市场营销渠道、较好的产品制造基础，因此制定合理的财税政策来引导支柱产业向战略性新兴产业延伸，有利于推动产业结构的高级化和高效化；③推动战略性新兴产业集群式发展，依托郑州、洛阳、安阳、南阳、商丘等区域中心城市，建立具备一定产业基础的战略性新兴产业集群，吸引具有产业链关联属性和产业内竞争关系的企业集聚，推动战略性新兴产业发展从单一生产功能向城市群综合功能的转变，从而构建战略性新兴产业生产系统。

（3）坚持做强消费产业，建设消费中心。河南省消费品制造业和生活消费服务业在"十三五"期间有明显的提升，但是仍然存在消费产业规模滞后于消费产业升级、消费产业结构与居民消费需求不协调等问题。因此河南省在"十四五"期间应该做强消费产业，推动郑州、洛阳等区域中心城市建设国际性消费中心：①完善新型消费基础设施，推动5G通信网络、社交大数据中心、工业互联网等新兴消费基础设施的建设，建立重要商圈与辐射城市的快捷交通体系，建立联系全国重要消费中心城市的数字化商品流通体系；②提升消费品制造产业和生活消费服务业的扩容升级，运用智能化平台、新一代移动通信技术等来提升传统消费品制造业，运用文化创意等来延伸传统消费品制造业的业态；③优化消费生态环境，依托消费体验数据来建立以商圈为中心的信用评价机制，建立以重点企业、市场管理局、消费者协会、税务部门等为主体的联合维权服务平台来更加快捷和更加有效地处理消费争议。

（4）坚持做优产业链条，构建区域竞争力。河南省产业发展存在产业链深度不足、价值链位势相对低端等问题，因此在"十四五"期间的产业发展应该着力构建产业基础能力、延伸支柱产业的产业链、提升新兴产业的价值链。因此，河南省应该坚持做优产业链条，构建区域竞争力：①持续优化营商环境，进一步完善政务服务体系以打造快捷、高效、规范、透明化政务环境，进一步强化监督管理以形成高标准、守规矩、严规范的市场环境，进一步聚焦细节以实现解决具体难题、破除制度障碍、增进居民福祉的经济环境；②持续推进生产性服务业与制造业的融合发展，建立有效机制规避生产性服务业过多参与制造业上游原材料环节，建立产融平台促进生产性服务业嵌入制造业中间环节，建立

"政府+企业"大数据平台以促进生产性服务业和高技术复杂度中间品制造企业的匹配；③持续搭建高能级产业载体支撑，以支柱产业和战略产业等为导向来吸引头部企业入住，以产业社区化为基础来吸引高端人才集聚，以国家级战略平台来支持企业联合创新，从而搭建以关键战略性新兴产业为内容的高能级产业载体。

三、融入国内国际循环，显著增强开放优势

在"十三五"期间，河南省主动融入国内大循环，积极参与国内国际双循环，其中国内贸易支撑点指数有较大幅度的提升，但是对外开放支撑点指数则有一定程度的下降。总体来说，河南省在融入国内国际循环中取得一定成绩，但是依然存在较多不足：①区域中心城市未能充分发挥循环枢纽效能，洛阳、安阳、商丘、南阳等区域中心城市的市场交易活力明显处于较低水平，不能对区域内其他城市产生枢纽拉动效能；②河南省的国际化水平有待进一步提高，即河南省各地市的外资涉税市场主体户数、参与进出口业务的市场主体户数、外资市场主体缴纳税收金额等指标均处于较低水平，并且"十三五"时期大多地市的对外开放支撑点指数都有一定程度的下降；③河南省参与国家价值链和全球价值链的程度较低，这主要是由于河南省的支柱产业存在资源依赖性较强、产业链条较短、产品技术复杂度较低等不足。因此，河南省应该积极主动融入国内国际双循环，着力增强开放优势。

（1）布局全球价值链，提升国际化水平。布局全球价值链合作是指区域内企业从设计、订单、生产、营销、售后服务、循环利用等生产环节来参与全球产业链分工并获得分工收益的过程。河南省着力布局全球价值链合作，建设国际化产业中心。①推动支柱产业走出去，即支持绿色食品、装备制造、现代轻纺、先进建材等支柱产业中的龙头企业走出去，建立以河南省为总部的支柱产业全球化布局；②建立全球高端人才创新创业平台，依托国家级战略平台，健全人才引进培育服务体系，优化高水平创新创业环境，吸引全球高端人才来豫开展创新创业活动；

③建立关键要素的国际合作机制,即推动龙头企业、科研院所、行业协会开展人才培养、技术交流、文化创新等关键要素的国际合作。

(2) 融入国内大市场,建设国内循环重要支点。河南省的常住人口规模在 2020 年达到 9936.55 万人,是仅次于广东省的全国第二人口大省,同时河南省在 2020 年地区生产总值达到 5.5 万亿元,[①] 因此河南省具备超大规模的内需市场,具备建设国内大循环重要支点的潜力。①完善综合运输通道布局,进一步提升高铁物流、航空货运、公路运输等基础设施建设,建成覆盖全省、辐射全国、联通"一带一路"沿线国家的综合运输通道网络;②提升供应链整体服务水平,河南省立足农产品、绿色食品、装备制造等优势产业基础,构建跨区域配送中心和跨境物流平台,整合绿色设计、产业制造、市场营销、流通加工等供应链环节,形成高标准、规模化、绿色化、带动能力强的供应链服务体系;③促进商贸流通智能化,整合龙头企业、税务、工商、人民银行等大数据平台,构建以优化商业信用、促进协同创新、降低交易成本等为目的的智能化商贸流通环境。

(3) 打造生产服务业,支撑国内国际双循环。生产性服务业具备更高专业性、更强创新力、更好的产业融合力等特点,因此河南省在推动国内国际双循环的过程中需要加快发展生产性服务业。①推进生产性服务业集聚,以区域中心城市为重要节点,打造以信息服务、节能环保、研发设计、商业咨询、技术服务外包等为关键产业的生产性服务业集聚区;②推进制造业向生产服务方向转变,推动各地市具有产业优势的制造业向生产服务型方向转变,推进电子商务、3D 打印、人工智能、文化创意等文化技术融入生产制造业,从而实现制造业的业态创新和商业模式优化。

---

① 相关数据来自全国第七次人口普查和《2020 年河南省国民经济与社会发展统计公报》。

四、提升中心城市能级，推动区域协调发展

目前我国的经济社会发展已经进入新时期，为了顺应国家区域协调发展战略，河南省构建了包括郑州大都市区与洛阳副中心都市圈等在内的5个经济发展区域。在"十三五"期间各个区域，以及每个区域的中心城市的经济运行指数都在稳步提高，而郑州市作为国家中心城市以及省会城市，经济运行各级指数也都表现出良好的增长态势。但是河南省区域经济发展不平衡的现象突出，如何进一步提升郑州作为国家中心城市的城市能级；如何进一步促进各大区域中心城市带动区域经济联动；如何推动河南省区域经济协调发展。这将是河南省今后经济发展过程中所面临的重要问题：①郑州作为国家中心城市及省会城市，科技主体、主体发展、市场交易、营运能力、纳税能力、国内贸易等6个要素指数的全省排名在"十三五"期间均出现明显的下滑，其作为郑州大都市圈的中心城市，对其区域内其他地市经济发展的引领示范效应还有很大的提升空间；②从运行质量来看，5个区域对河南省经济运行质量的联动效应存在显著的差异，其中郑州大都市区对河南省总体的关联效应是最大的，洛阳副中心都市圈等4个区域的关联效应都表现出相对较低的水平。除此之外，洛阳、南阳、安阳、商丘4个区域中心城市对其区域经济运行质量的拉动效应不足；③从运行效率来看，郑州作为郑州大都市区的中心城市能够拉动其区域经济运行效率显著增长，安阳和洛阳两个中心城市对其区域经济运行效率的拉动作用还有很大的潜力，而南阳市、商丘市并没有发挥出中心城市对区域经济运行效率的拉动作用。

（1）完善交通物流体系网络，促进5大区域经济互联互通。河南省各个地级市，以及各大经济区域的资源禀赋、地理区位、经济发展水平等都存在显著差异，因此依托完善的交通物流网络来提升各个区域中心城市的辐射带动效应能够有效推动区域经济协调发展。①强化区域中心城市交通物流的枢纽功能，加快完善新型交通物流基础设施的建设，

构建互联互通、安全高效的交通物流基础设施网络,提升全省及各区域的经济运行效率;②推动河南省各个城际铁路、都市圈铁路和城市轨道交通等的融合发展,形成更适合河南省经济发展的高效率、高质量、多层次的交通物流网络体系,为各大区域经济的互联互通与协调发展做好基础保障工作;③在河南省各区域及地市打造多种方式联运的物流集散体系,并且做好已有物流体系的创新升级工作,用高效的交通物流体系提升各区域的市场活力与消费驱动力,进而助推经济运行高速发展。

(2) 增强区域中心城市的综合承载力,拉动区域经济稳步前进。河南省一直都面临着人口基数大、省内经济发展不均衡、生态环境保护责任重大等问题,而省内各个中心城市是人口分布集中、资源消耗和环境污染严重的地区。随着河南省城市人口的快速增长和各个城市规模的不断扩大,对中心城市的综合承载力的要求也越来越高,需要做好几个方面的工作:①加快区域中心城市的经济结构调整及区域经济增长方式的转变,结合各个区域及地市的优势产业,探索中心城市建设与资源综合利用有机结合的新发展路径,引领各个区域经济向绿色可持续的方向迈进;②根据各个中心城市的比较优势产业,优化河南省整体的经济发展布局,促进河南省各区域大中小城市和小城镇的合理分工、协同发展,进一步提升河南省整体经济运行质量和运行效率;③在进行河南省各地市规划时,注重中心城市协调发展,基于目前18个地市的科技创新、资源禀赋和人口状况等要素集中度,根据各地市资源承载能力和周围生态环境承载能力,合理规划各个区域的发展规模,增强中心城市的辐射效应和驱动效应。

(3) 加快城市产业集聚发展,增强中心城市产业关联。中心城市产业集聚有助于降低企业生产成本,提高协作效率,有助于推动中心城市企业群劳动生产率的提高,增强中心城市之间的产业关联,中心城市必须要大力发展产业集群形成强大的产业集聚力与辐射力:①中心城市应利用自身的地理位置优势培育现代产业集群,通过产业集群的发展,形成各具特色的产业集聚,同时大力发展区域产业集聚战略,推进中心城市产业关联；②发挥政府的推动和引导作用，促进产业集聚的有序进行。同时制定一系列综合配套的支持政策，推动企业之间建立分工协作的互动关系、推动集聚产业群的建立；③增强大学和研究机构进入产业集聚区发展的动力，完善产学研合作机制。要积极创造条件使中心城市产业集聚区内企业同大学、科研机构的相关实验室建立定向联系，进一步推进中心城市产业关联。

（4）优化中心城市资源配置，加强中心城市示范效应。随着经济全球化、区域一体化深度推进，中心城市与周边中小城市间的行政边界不断弱化，彼此间相互合作、有序竞争的趋势更加明显。大都市区不仅成为城市化发展到较高阶段的高效城市空间组织形态，更是带动城市群发展的生产中心、经济增长中心和创新策源地。因此推动经济发展的同时，要有效优化中心城市资源配置，并通过推动中心城市的发展、带动中心城市周边地区的发展。①中心城市不仅要关注自身的发展，还要在服务区域经济发展中做出贡献，引领河南省城市建设走出一条更高质量、更有效率、更加公平、更可持续的发展之路；②加快制度创新，持续深化"放管服"等领域改革，营造法制化、国际化、便利化的一流营商环境，促使中心城市起到引领示范效应；③在未来的中心城市建设中，要构建布局合理的多中心、多元化、多层级的中心城市体系，并加强各个中心城市之间的联动发展，集聚高端资源，提升中心城市的影响力和引领示范效应。

五、加强环境综合治理，践行绿色发展方式

河南省在"十三五"期间深入开展"蓝天、碧水、净土保卫战"，圆满完成污染防治攻坚战的约束性任务，主要污染物指标在"十三五"期末相对于"十三五"期初有明显的下降，如 $PM_{2.5}$ 和 PM_{10} 的年均浓度下降幅度都超过30%。① 然而，税收经济运行指数中环境效率指数显

---

① 相关数据指标来自《2021年河南省政府工作报告》。

示河南省环境效率指数在"十三五"期末为80.972,相对于生产前沿仍存在19.0%的改善空间,因此河南省在建设生态强省进程中依然存在一些问题。①污染物减排效率并未得到有效改进,尽管河南省主要环境污染指数在"十三五"期间有明显的下降,但是污染物实际排放情况相对于生产前沿面的相对距离并未缩小,如污染物排放效率支撑点指数在"十三五"期间有微弱上升。②节能减排对河南省经济稳定增长带来较大压力,"高污染、高耗能、高排放"型企业对河南省税收收入、就业水平、经济总量增长等的贡献依然处于较高水平,而除郑州之外的其他地市的高技术产业的产业规模相对较小。③环境治理存在明显的区域异质性,即郑州大都市区和东部承接产业转移示范区的环境效率指数在"十三五"期间处于良好水平,但是洛阳副中心都市圈等3个区域的环境效率指数均处于较低水平。

(1)加快资源型城市的绿色转型。河南省的资源型城市包括平顶山、焦作、三门峡、鹤壁等4个地级市和永城、义马、灵宝、新密、登封、巩义、禹州等7个县市。这些城市依靠丰富的能源资源或其他矿产资源在过去的发展过程中取得了良好的成就,但是也带来城市经济对"高污染、高耗能、高排放"型产业的依赖,对环境治理带来了巨大的压力。在"十三五"期间,这些城市通过去除落后产能、培育新兴产业等手段取得了一定的环境治理成效,但是部分城市陷入了环境治理与经济增长的两难境地。因此,河南省应该加快资源城市的绿色转型:①推动传统产业的技术升级,即通过引进创新性企业或先进技术来替代区域内的落后生产力,从而达到充分发挥资源优势和降低污染排放的目的;②拓展传统产业的产业链条,即吸引传统产业的上游或下游产业融合到资源型城市的原有产业链条,建立完整的产业链,从而实现产业链创新和价值链升级;③培育战略性新兴产业,支持资源型城市的龙头企业依靠技术优势、渠道优势、资源优势等向战略性新兴产业拓展,实现资本、技术、土地、人才等生产要素的良性流动。

(2)提升资源环境的综合承载力。资源环境承载力是指区域内生态环境对经济活动和人类其他活动的支撑状况,是实现经济社会可持续发展的根本保障。河南省在环境治理过程中,应该着力提升资源环境的综合承载力:①做好生态修复工作,定期开展系统的全面的生态环境综合调查,建立生态环境分级管理体制,对生态环境退化严重的区域采用限制开发、封禁管理、人工养护等措施;②做好自然资源规划,对区域内能源资源、矿产资源、水资源等进行合理规划,做到有序开发、合理开发、高效开发等;③做好农业生态保护,着力推动农业机械、农业科技、良种良法等在农业生产过程中的使用,推进中低产耕地的地力改造,避免农药、化肥、农膜等的盲目使用,从而实现农业稳产增产和农业生态趋好的双赢。

(3)推进环境的区域协同治理。河南省区域经济存在较大的差异,因此不同区域所面临的环境治理形势也是异质的。然而环境污染具有显著的外部性特征,某一区域的环境污染与其他区域是紧密相关的,因此应该推进环境的区域协同治理。①统筹农村与城市的环境治理,推进城乡环境卫生基础设施的同步建设,规避城市工业污染通过产业转移流向农村,减少农业污染通过产业关联输向城市;②建立适用于经济发达区域和欠发达区域的一致性环境准入标准,限制"高污染、高耗能、高排放"产业从经济发达区域向欠发达区域转移;③主动做好新型污染物的识别和监测工作,已有的环境规制措施更多针对二氧化硫、氮氧化物、颗粒物、废水化学需氧量等传统污染物,而较少关注全氟辛烷磺酰基化合物、内分泌干扰物、药品与个人护理用品等新型污染物,因此河南省应该主动建立新型污染物的识别和检测工作,避免新型污染物渗透到现有主导产业或战略性新兴产业。

(4)促进绿色生产消费方式。国家发展和改革委员会和司法部联合印发的《关于加快建立绿色生产和消费法规政策体系的意见》指出绿色生产和绿色消费方式到2025年应该在重点领域、重点行业、重点环节全面推行,因此河南省应该着力促进绿色生产消费方式。①推动绿色生产性服务业的发展,河南省应该从绿色设计、能效管理服务、合同节水管理、绿色供应链、绿色信贷等方面来打造绿色生产性服务业,从而推动制造业践行绿色生产方式;②扩大绿色产品消费,即推动企业开展绿色产品认证,支持政府和国有企业建立绿色采购指南,定期组织居民参与绿色志愿服务,从绿色消费、绿色出行、绿色居住等方面来逐步扩大绿色产品消费;③推进清洁能源使用,即加快对分布式能源、储能技术、光伏建筑一体化等项目的政策支持力度,加快推进光伏、风能、氢能等产业布局和应用终端布局。

附 表

附表1　2016—2020年河南省区域科技创新要素指数

区域	年份	科技创新要素指数	科技主体支撑点指数	创新能力支撑点指数
河南省	2016	72.668	74.953	70.384
	2017	75.704	78.755	72.653
	2018	77.148	80.732	73.564
	2019	77.269	81.178	73.360
	2020	80.506	86.371	74.642
郑州大都市区	2016	79.202	81.494	76.911
	2017	82.863	85.604	80.121
	2018	84.952	87.750	82.155
	2019	84.475	87.306	81.643
	2020	88.339	93.338	83.340
洛阳副中心都市圈	2016	70.482	69.403	71.561
	2017	73.362	72.334	74.389
	2018	73.092	72.908	73.276
	2019	73.405	73.643	73.167
	2020	74.762	76.136	73.388
南部高效生态经济示范区	2016	66.858	71.584	62.132
	2017	69.087	75.559	62.615
	2018	70.678	77.991	63.364
	2019	71.451	79.186	63.716
	2020	75.157	84.989	65.324
北部跨区域协同发展示范区	2016	67.728	70.282	65.173
	2017	70.153	73.019	67.287
	2018	71.711	75.445	67.977
	2019	72.456	77.198	67.713
	2020	75.961	83.443	68.479

续表

区域	年份	科技创新要素指数	科技主体支撑点指数	创新能力支撑点指数
东部承接产业转移示范区	2016	67.317	70.531	64.104
	2017	70.271	75.371	65.172
	2018	71.842	77.841	65.843
	2019	72.074	78.537	65.611
	2020	74.999	83.131	66.868

附表2　2016—2020年河南省区域市场活力要素指数

区域	年份	市场活力要素指数	创业活动支撑点指数	主体发展支撑点指数	市场交易支撑点指数
河南省	2016	79.089	76.934	82.075	76.591
	2017	81.608	83.706	80.300	81.778
	2018	88.281	84.096	92.255	86.009
	2019	92.976	86.715	101.772	85.545
	2020	95.749	90.634	106.320	84.890
郑州大都市区	2016	85.492	80.437	87.052	87.333
	2017	90.264	88.673	88.738	93.695
	2018	95.646	92.117	96.794	96.845
	2019	100.338	95.057	106.395	95.997
	2020	101.687	99.608	108.953	93.071
洛阳副中心都市圈	2016	77.710	76.753	81.571	73.015
	2017	81.117	84.028	81.707	77.950
	2018	85.842	85.393	89.798	80.603
	2019	89.819	85.982	98.968	79.945
	2020	93.811	85.481	105.927	83.339
南部高效生态经济示范区	2016	72.831	69.728	79.050	66.517
	2017	71.733	76.812	70.294	69.702
	2018	80.210	75.523	86.514	75.043
	2019	84.747	78.848	94.792	75.258
	2020	88.424	84.013	100.496	74.877

续表

区域	年份	市场活力要素指数	创业活动支撑点指数	主体发展支撑点指数	市场交易支撑点指数
北部跨区域协同发展示范区	2016	76.342	77.627	78.965	71.602
	2017	77.500	82.836	74.621	77.302
	2018	86.730	79.914	92.360	84.221
	2019	92.398	84.178	103.692	83.000
	2020	95.636	89.583	108.736	81.950
东部承接产业转移示范区	2016	71.495	76.872	72.593	65.637
	2017	71.895	77.931	69.887	69.903
	2018	81.084	71.311	89.921	76.404
	2019	86.481	73.366	100.403	77.285
	2020	90.276	78.640	105.624	77.877

附表3　2016—2020年河南省区域消费驱动要素指数

区域	年份	消费驱动要素指数	消费产业规模支撑点指数	消费产业升级支撑点指数
河南省	2016	69.925	69.224	70.532
	2017	74.175	72.062	76.005
	2018	77.627	74.521	80.316
	2019	81.439	76.796	85.457
	2020	83.112	78.126	87.429
郑州大都市区	2016	79.940	77.694	81.884
	2017	87.784	83.466	91.521
	2018	94.039	87.515	99.687
	2019	101.041	91.288	109.484
	2020	103.344	92.950	112.341
洛阳副中心都市圈	2016	64.592	63.594	65.457
	2017	67.359	64.930	69.461
	2018	69.302	66.268	71.928
	2019	71.998	67.952	75.501
	2020	73.432	68.910	77.346

续表

区域	年份	消费驱动要素指数	消费产业规模支撑点指数	消费产业升级支撑点指数
南部高效生态经济示范区	2016	62.883	64.423	61.549
	2017	64.114	64.822	63.501
	2018	65.541	66.547	64.670
	2019	67.028	68.116	66.085
	2020	67.908	69.615	66.430
北部跨区域协同发展示范区	2016	62.571	62.744	62.420
	2017	64.348	63.679	64.927
	2018	66.150	64.955	67.184
	2019	66.520	65.194	67.669
	2020	67.791	65.974	69.364
东部承接产业转移示范区	2016	61.406	62.026	60.869
	2017	62.489	62.642	62.357
	2018	63.253	63.495	63.044
	2019	64.468	64.344	64.576
	2020	65.725	65.046	66.314

附表4　2016—2020年河南省区域主体运营要素指数

区域	年份	主体运营要素指数	营运能力支撑点指数	纳税能力支撑点指数
河南省	2016	77.409	79.715	75.677
	2017	88.700	84.909	91.548
	2018	88.720	85.097	91.442
	2019	88.695	86.156	90.602
	2020	87.754	88.906	86.888
郑州大都市区	2016	81.326	83.715	79.531
	2017	92.133	86.547	96.329
	2018	91.544	86.044	95.676
	2019	91.148	86.667	94.514
	2020	89.534	88.984	89.948

续表

区域	年份	主体运营要素指数	营运能力支撑点指数	纳税能力支撑点指数
洛阳副中心都市圈	2016	77.672	80.011	75.915
	2017	88.254	86.224	89.779
	2018	88.355	90.704	86.589
	2019	88.478	94.206	84.174
	2020	88.995	98.652	81.739
南部高效生态经济示范区	2016	73.447	74.744	72.472
	2017	85.846	82.536	88.333
	2018	85.122	80.926	88.274
	2019	85.560	81.502	88.609
	2020	82.584	82.094	82.953
北部跨区域协同发展示范区	2016	75.189	78.700	72.550
	2017	89.032	86.228	91.139
	2018	91.186	85.752	95.268
	2019	90.515	86.630	93.434
	2020	87.554	86.834	88.094
东部承接产业转移示范区	2016	71.608	74.269	69.609
	2017	81.308	79.461	82.696
	2018	82.933	78.882	85.977
	2019	83.889	78.379	88.030
	2020	88.725	86.155	90.655

附表5 2016—2020年河南省区域循环格局要素指数

区域	时期	循环格局要素指数	国内贸易支撑点指数	对外开放支撑点指数
河南省	2016	74.581	75.816	73.153
	2017	78.074	81.840	73.724
	2018	78.477	84.222	71.840
	2019	78.715	85.803	70.527
	2020	80.690	89.384	70.646

续表

区域	时期	循环格局要素指数	国内贸易支撑点指数	对外开放支撑点指数
郑州大都市区	2016	80.977	85.441	75.821
	2017	84.554	93.018	74.777
	2018	85.178	95.330	73.451
	2019	86.247	96.929	73.907
	2020	87.575	99.190	74.157
洛阳副中心都市圈	2016	76.041	74.644	77.655
	2017	81.368	80.651	82.195
	2018	79.351	82.254	75.997
	2019	77.662	82.639	71.913
	2020	80.849	88.904	71.545
南部高效生态经济示范区	2016	67.367	64.552	70.619
	2017	67.758	67.854	67.648
	2018	69.327	70.662	67.784
	2019	70.594	72.874	67.960
	2020	72.455	75.922	68.451
北部跨区域协同发展示范区	2016	70.112	72.920	66.870
	2017	75.305	80.744	69.023
	2018	76.683	84.929	67.159
	2019	76.734	86.533	65.414
	2020	77.822	89.740	64.054
东部承接产业转移示范区	2016	65.559	65.162	66.018
	2017	69.618	68.458	70.959
	2018	70.293	70.025	70.602
	2019	68.987	72.563	64.857
	2020	72.150	77.531	65.934

附表6 2016—2020年河南省区域结构优化要素指数

区域	年份	结构优化要素指数	产业结构高级化支撑点指数	产业结构高效化支撑点指数
河南省	2016	75.699	73.001	77.446
	2017	79.469	74.806	82.488
	2018	80.429	76.010	83.290
	2019	81.051	76.704	83.865
	2020	81.130	76.842	83.906
郑州大都市区	2016	79.914	78.621	80.751
	2017	84.120	80.486	86.472
	2018	85.971	82.304	88.345
	2019	87.412	83.129	90.186
	2020	88.399	84.297	91.056
洛阳副中心都市圈	2016	73.182	74.332	72.438
	2017	77.138	77.016	77.217
	2018	78.084	78.157	78.036
	2019	77.169	77.252	77.115
	2020	74.154	74.036	74.231
南部高效生态经济示范区	2016	71.394	65.133	75.447
	2017	74.873	65.634	80.856
	2018	75.832	66.895	81.618
	2019	75.808	68.126	80.781
	2020	75.895	69.176	80.245
北部跨区域协同发展示范区	2016	71.804	68.598	73.879
	2017	75.176	71.123	77.801
	2018	74.845	70.981	77.347
	2019	74.049	71.380	75.777
	2020	74.589	71.244	76.755

续表

区域	年份	结构优化要素指数	产业结构高级化支撑点指数	产业结构高效化支撑点指数
东部承接产业转移示范区	2016	75.988	68.424	80.885
	2017	78.624	70.094	84.147
	2018	77.402	70.239	82.040
	2019	80.117	72.447	85.083
	2020	81.778	73.003	87.459

附表7 2016—2020年河南省区域投入效率要素指数

区域	年份	投入效率要素指数	劳动效率支撑点指数	资本效率支撑点指数
河南省	2016	84.311	80.756	88.040
	2017	82.419	79.564	85.414
	2018	81.691	79.710	83.770
	2019	82.815	81.875	83.802
	2020	81.574	81.820	81.316
郑州大都市区	2016	93.583	92.649	94.563
	2017	91.550	90.364	92.794
	2018	90.911	89.967	91.902
	2019	92.292	91.619	92.998
	2020	90.490	90.283	90.708
洛阳副中心都市圈	2016	77.825	75.381	80.389
	2017	77.393	77.108	77.691
	2018	77.842	79.664	75.931
	2019	79.404	83.486	75.122
	2020	77.891	83.303	72.213
南部高效生态经济示范区	2016	75.523	68.483	82.910
	2017	71.722	64.774	79.013
	2018	71.034	65.656	76.676
	2019	70.712	66.642	74.983
	2020	69.099	66.713	71.603

续表

区域	年份	投入效率要素指数	劳动效率支撑点指数	资本效率支撑点指数
北部跨区域协同发展示范区	2016	74.717	67.226	82.577
	2017	73.147	68.353	78.178
	2018	73.978	70.881	77.227
	2019	74.601	72.603	76.698
	2020	73.983	72.634	75.398
东部承接产业转移示范区	2016	86.319	81.292	91.593
	2017	85.596	81.486	89.907
	2018	80.759	75.648	86.121
	2019	83.274	79.393	87.347
	2020	84.827	84.145	85.541

附表8 2016—2020年河南省区域产出效率要素指数

区域	年份	产出效率要素指数	经济产出效率支撑点指数	税收产出效率支撑点指数
河南省	2016	82.798	85.509	80.336
	2017	80.679	82.909	78.654
	2018	80.000	81.313	78.807
	2019	80.527	82.387	78.837
	2020	80.508	82.326	78.857
郑州大都市区	2016	91.282	92.468	90.204
	2017	89.034	90.826	87.406
	2018	88.643	90.106	87.313
	2019	89.495	90.662	88.434
	2020	87.930	89.010	86.949
洛阳副中心都市圈	2016	72.598	75.100	70.324
	2017	71.584	71.370	71.778
	2018	71.330	70.129	72.420
	2019	72.966	74.511	71.562
	2020	71.773	73.704	70.018

续表

区域	年份	产出效率要素指数	经济产出效率支撑点指数	税收产出效率支撑点指数
南部高效生态经济示范区	2016	79.586	83.796	75.763
	2017	75.467	81.073	70.376
	2018	74.014	77.968	70.421
	2019	73.213	77.282	69.518
	2020	72.932	77.243	69.015
北部跨区域协同发展示范区	2016	71.643	77.288	66.515
	2017	70.850	73.091	68.815
	2018	71.940	72.007	71.879
	2019	72.017	72.544	71.538
	2020	70.741	71.371	70.170
东部承接产业转移示范区	2016	85.226	88.395	82.347
	2017	84.125	85.905	82.508
	2018	81.220	82.565	79.997
	2019	81.451	83.603	79.496
	2020	91.411	92.251	90.648

附表9 2016—2020年河南省区域环境效率要素指数

区域	年份	环境效率要素指数	能源使用效率支撑点指数	污染排放效率支撑点指数
河南省	2016	80.972	84.094	77.996
	2017	79.973	84.107	76.033
	2018	79.116	83.882	74.574
	2019	81.099	85.249	77.144
	2020	82.774	87.466	78.302
郑州大都市区	2016	91.063	91.780	90.380
	2017	88.438	90.719	86.265
	2018	87.177	90.278	84.220
	2019	89.389	91.171	87.691
	2020	89.933	91.994	87.969

续表

区域	年份	环境效率要素指数	能源使用效率支撑点指数	污染排放效率支撑点指数
洛阳副中心都市圈	2016	67.398	69.839	65.072
	2017	68.021	70.276	65.871
	2018	69.178	71.499	66.966
	2019	71.002	73.693	68.438
	2020	73.983	77.810	70.335
南部高效生态经济示范区	2016	78.286	86.139	70.800
	2017	76.787	85.867	68.133
	2018	75.743	85.126	66.799
	2019	76.608	85.676	67.965
	2020	77.682	86.532	69.247
北部跨区域协同发展示范区	2016	67.470	73.432	61.787
	2017	69.548	77.229	62.227
	2018	69.505	76.815	62.538
	2019	70.631	78.272	63.348
	2020	72.062	80.468	64.049
东部承接产业转移示范区	2016	84.449	86.144	82.833
	2017	84.753	86.401	83.182
	2018	81.345	85.553	77.334
	2019	85.605	88.755	82.603
	2020	90.928	95.831	86.256

附表10　2016—2020年河南省各地市科技主体支撑点指数

地市	2016年	2017年	2018年	2019年	2020年	期初排名	期末排名
郑州	91.554	96.537	99.086	98.031	103.532	1	2
开封	71.950	74.777	76.644	77.429	82.145	7	7
洛阳	74.248	77.556	78.542	79.367	81.691	6	8
平顶山	67.307	70.161	68.788	69.607	73.396	9	13

续表

地市	2016年	2017年	2018年	2019年	2020年	期初排名	期末排名
安阳	68.888	71.377	73.564	76.944	84.623	8	6
鹤壁	82.172	84.645	88.842	89.562	96.992	3	4
新乡	82.831	87.404	90.213	92.023	108.062	2	1
焦作	66.202	68.690	70.048	69.139	71.552	13	17
濮阳	65.904	69.104	70.931	70.923	74.665	15	11
许昌	66.464	69.484	70.307	69.769	72.230	12	15
漯河	66.842	70.861	73.342	68.256	78.635	10	9
三门峡	60.540	61.627	62.748	63.674	65.655	18	18
南阳	80.883	88.226	92.783	95.385	102.587	4	3
商丘	75.644	82.307	85.978	86.621	91.673	5	5
信阳	64.640	66.762	68.269	68.928	72.502	16	14
周口	66.038	69.223	70.595	71.344	75.718	14	10
驻马店	66.676	67.363	67.642	70.621	74.144	11	12
济源	63.960	68.802	71.653	70.903	71.553	17	16

附表11 2016—2020年河南省各地市创新能力支撑点指数

地市	2016年	2017年	2018年	2019年	2020年	期初排名	期末排名
郑州	89.899	94.653	98.041	97.317	99.595	1	1
开封	64.198	65.316	66.154	68.817	69.899	10	9
洛阳	68.188	68.860	70.381	70.812	71.154	5	5
平顶山	81.779	89.167	80.026	79.776	80.443	2	2
安阳	63.936	66.011	66.422	66.189	67.342	12	11
鹤壁	75.327	79.032	80.004	78.683	78.105	3	3
新乡	64.613	65.832	67.992	68.392	70.374	8	7
焦作	63.957	66.205	66.486	64.663	65.201	11	13
濮阳	61.500	62.797	63.737	63.898	64.914	15	15
许昌	64.593	66.661	65.996	64.627	65.170	9	14
漯河	61.815	62.167	63.990	64.226	68.037	14	10

续表

地市	2016年	2017年	2018年	2019年	2020年	期初排名	期末排名
三门峡	68.781	71.886	73.286	71.501	70.163	4	8
南阳	63.159	63.625	64.354	64.639	66.261	13	12
商丘	68.055	69.970	70.406	69.198	70.564	6	6
信阳	61.407	61.851	62.482	63.123	64.028	17	16
周口	60.632	60.919	61.780	62.419	63.661	18	18
驻马店	61.434	62.065	62.397	62.621	63.747	16	17
济源	67.711	69.977	71.146	71.832	73.484	7	4

附表12　2016—2020年河南省各地市创业活动支撑点指数

地市	2016年	2017年	2018年	2019年	2020年	期初排名	期末排名
郑州	93.281	101.564	107.720	109.060	113.677	1	1
开封	72.372	81.531	81.301	85.976	90.697	11	4
洛阳	80.678	88.726	93.654	92.388	87.591	5	7
平顶山	74.762	82.440	79.404	84.167	89.011	8	5
安阳	82.810	85.835	83.116	89.448	96.529	3	3
鹤壁	68.432	75.303	76.792	81.061	85.239	13	10
新乡	73.043	83.862	90.438	98.179	105.091	10	2
焦作	64.231	71.809	71.868	74.670	78.546	16	14
濮阳	75.266	82.684	77.092	78.741	82.495	7	13
许昌	63.580	69.153	65.916	69.256	71.482	18	18
漯河	73.340	79.722	78.348	83.017	87.420	9	8
三门峡	66.433	71.917	73.089	72.081	75.506	15	16
南阳	67.612	75.348	74.310	78.860	85.472	14	9
商丘	69.681	76.767	76.297	78.124	83.892	12	11
信阳	63.661	72.135	70.981	72.316	75.621	17	15
周口	83.190	78.963	66.871	69.132	74.083	2	17
驻马店	77.353	82.252	80.461	83.121	88.298	6	6
济源	81.060	85.719	77.017	80.583	83.093	4	12

附表13 2016—2020年河南省各地市主体发展支撑点指数

地市	2016年	2017年	2018年	2019年	2020年	期初排名	期末排名
郑州	85.189	95.160	95.108	107.821	108.663	6	7
开封	83.434	80.455	100.337	110.945	113.451	7	3
洛阳	85.768	89.992	91.151	98.705	109.323	4	6
平顶山	79.238	68.175	85.874	95.343	95.271	11	16
安阳	78.663	79.067	96.647	109.675	112.866	12	4
鹤壁	75.157	66.809	81.541	86.216	92.309	14	18
新乡	95.768	96.225	109.038	114.661	119.850	1	2
焦作	87.287	78.738	96.369	101.758	105.648	3	9
濮阳	81.416	72.607	92.125	104.981	111.860	8	5
许昌	87.928	74.905	89.356	94.919	99.729	2	14
漯河	85.289	74.069	93.556	100.589	104.329	5	11
三门峡	75.837	79.513	86.513	99.367	104.788	13	10
南阳	80.494	72.239	88.640	95.532	103.659	10	12
商丘	72.714	74.389	88.209	98.794	103.637	16	13
信阳	81.177	69.734	84.486	94.415	98.982	9	15
周口	72.486	65.896	91.446	101.834	107.349	17	8
驻马店	71.153	65.770	81.480	90.888	95.174	18	17
济源	73.818	73.810	101.439	112.021	120.305	15	1

附表14 2016—2020年河南省各地市市场交易支撑点指数

地市	2016年	2017年	2018年	2019年	2020年	期初排名	期末排名
郑州	99.836	109.780	111.667	112.077	109.370	1	2
开封	68.942	71.211	74.978	74.575	74.072	13	17
洛阳	71.682	77.123	77.767	77.224	81.189	10	7
平顶山	75.391	79.058	84.826	82.758	80.288	5	9
安阳	75.799	82.162	89.529	86.808	85.045	3	3

续表

地市	2016年	2017年	2018年	2019年	2020年	期初排名	期末排名
鹤壁	69.974	75.172	78.426	76.306	75.282	12	15
新乡	75.702	78.484	80.718	78.890	78.656	4	10
焦作	84.927	89.105	95.100	90.539	78.124	2	11
濮阳	66.591	71.683	79.874	81.450	81.300	15	6
许昌	70.962	73.297	78.404	77.364	77.332	11	12
漯河	74.655	75.659	82.237	82.039	81.829	6	5
三门峡	73.740	79.240	82.554	83.475	82.798	7	4
南阳	67.605	70.766	75.575	75.058	74.609	14	16
商丘	72.053	75.776	80.439	80.765	80.330	9	8
信阳	64.077	68.331	74.413	76.124	75.443	16	14
周口	60.000	64.698	72.812	74.189	75.748	18	13
驻马店	62.858	66.179	70.959	71.006	71.020	17	18
济源	72.635	76.925	81.781	81.215	110.102	8	1

附表15　2016—2020年河南省各地市消费产业规模支撑点指数

地市	2016年	2017年	2018年	2019年	2020年	期初排名	期末排名
郑州	88.733	99.299	106.055	112.473	114.533	1	1
开封	67.003	68.520	67.077	67.823	68.432	5	8
洛阳	63.450	65.355	67.067	68.381	69.199	10	7
平顶山	63.969	64.151	65.215	66.238	65.708	9	12
安阳	62.140	62.804	64.324	64.092	64.432	12	17
鹤壁	64.937	65.615	66.463	66.818	66.803	8	10
新乡	66.999	68.484	71.250	73.413	76.159	6	4
焦作	66.954	68.105	70.757	72.494	72.970	7	5
濮阳	62.424	63.862	65.034	65.809	67.619	11	9
许昌	67.127	67.579	68.384	69.109	69.754	4	6
漯河	81.655	79.612	87.126	90.946	100.746	2	2
三门峡	61.859	63.070	63.612	64.431	64.975	17	14

续表

地市	2016年	2017年	2018年	2019年	2020年	期初排名	期末排名
南阳	61.984	62.848	63.672	64.919	64.792	16	16
商丘	62.048	62.921	63.841	64.875	65.232	14	13
信阳	61.234	62.030	62.644	63.675	64.055	18	18
周口	62.007	62.395	63.186	63.872	64.884	15	15
驻马店	62.118	62.637	63.747	65.059	65.820	13	11
济源	67.609	69.123	70.653	79.275	87.192	3	3

附表16 2016—2020年河南省各地市消费产业升级支撑点指数

地市	2016年	2017年	2018年	2019年	2020年	期初排名	期末排名
郑州	100.000	116.826	131.320	149.138	154.081	1	1
开封	65.181	69.724	68.284	69.774	70.281	3	9
洛阳	67.123	72.751	76.623	79.739	80.417	2	3
平顶山	62.735	64.331	65.146	66.695	67.232	10	13
安阳	62.165	63.805	67.024	66.456	66.377	13	16
鹤壁	62.709	66.013	68.615	70.643	71.544	11	8
新乡	64.350	66.823	69.462	72.989	73.476	7	4
焦作	63.498	65.593	67.145	69.270	69.968	9	10
濮阳	62.625	65.907	66.644	67.713	72.248	12	7
许昌	64.573	66.479	70.128	71.971	72.539	6	6
漯河	63.614	64.904	66.790	67.351	67.893	8	11
三门峡	64.706	67.868	69.060	71.264	72.988	5	5
南阳	61.275	63.337	64.617	66.498	66.510	16	14
商丘	61.761	63.413	64.240	66.097	67.622	15	12
信阳	62.019	64.552	65.050	66.719	66.402	14	15
周口	60.085	61.421	61.980	63.222	65.178	18	18
驻马店	60.364	61.918	63.212	64.128	65.558	17	17
济源	64.708	67.274	68.385	85.259	100.080	4	2

附表17　2016—2020年河南省各地市营运能力支撑点指数

地市	2016年	2017年	2018年	2019年	2020年	期初排名	期末排名
郑州	84.876	84.706	84.558	86.422	88.192	3	8
开封	78.440	82.865	83.543	81.910	84.572	10	12
洛阳	80.007	84.158	87.370	88.962	94.242	8	3
平顶山	79.623	85.911	90.687	91.651	93.848	9	4
安阳	82.095	95.391	94.541	94.371	92.869	5	5
鹤壁	71.750	72.147	74.596	74.820	76.411	17	18
新乡	87.299	91.897	92.537	92.486	92.599	1	6
焦作	82.532	91.376	89.907	91.432	101.843	4	2
濮阳	77.646	80.999	79.387	82.517	84.200	12	13
许昌	81.426	86.438	83.775	81.632	80.675	6	16
漯河	80.950	106.697	85.425	86.795	88.191	7	9
三门峡	78.330	86.370	95.622	96.513	92.225	11	7
南阳	74.891	82.354	83.038	81.631	83.123	15	14
商丘	74.989	84.786	82.619	76.338	84.588	14	11
信阳	69.433	70.176	74.481	79.812	77.761	18	17
周口	73.637	74.741	75.554	80.194	87.515	16	10
驻马店	76.593	82.160	81.774	80.124	81.578	13	15
济源	85.492	101.663	102.393	134.411	161.673	2	1

附表18　2016—2020年河南省各地市纳税能力支撑点指数

地市	2016年	2017年	2018年	2019年	2020年	期初排名	期末排名
郑州	85.943	99.955	99.607	97.600	94.209	2	4
开封	68.357	89.141	99.218	102.434	88.246	15	7
洛阳	75.812	87.112	81.578	80.534	77.456	6	16
平顶山	74.244	86.536	84.267	85.483	82.611	8	11
安阳	76.258	102.335	109.241	108.045	101.662	5	2

续表

地市	2016年	2017年	2018年	2019年	2020年	期初排名	期末排名
鹤壁	68.130	80.302	81.426	78.878	75.713	16	18
新乡	74.909	93.707	93.912	96.211	92.477	7	5
焦作	72.507	88.311	84.412	80.940	79.017	10	14
濮阳	69.713	81.356	83.069	81.530	76.315	14	17
许昌	76.301	98.632	91.007	88.565	83.793	4	9
漯河	85.199	97.694	96.900	100.449	91.276	3	6
三门峡	72.570	93.320	92.146	82.780	82.899	9	10
南阳	72.081	88.162	85.781	83.231	79.894	11	13
商丘	71.912	84.244	80.404	81.150	78.494	12	15
信阳	68.031	88.853	92.058	95.186	85.148	17	8
周口	67.585	81.324	90.940	94.150	101.208	18	3
驻马店	70.696	82.949	83.582	83.804	80.967	13	12
济源	90.537	111.074	116.377	109.087	106.328	1	1

附表19　2016—2020年河南省各地市国内贸易支撑点指数

地市	2016年	2017年	2018年	2019年	2020年	期初排名	期末排名
郑州	100.000	110.436	112.847	115.061	119.915	1	2
开封	67.968	72.255	74.484	77.141	79.374	12	11
洛阳	75.813	82.317	83.645	82.860	86.124	5	6
平顶山	75.974	81.074	83.118	84.947	85.998	4	7
安阳	78.916	88.317	93.533	94.765	98.765	2	3
鹤壁	68.786	73.761	75.381	75.905	77.643	11	12
新乡	72.777	79.032	82.420	84.911	89.373	7	4
焦作	77.444	84.774	87.792	86.352	75.669	3	14
濮阳	66.723	73.940	77.963	81.124	83.951	14	8
许昌	67.242	68.903	69.100	70.069	72.256	13	17
漯河	73.803	75.863	79.377	83.877	87.425	6	5
三门峡	70.719	76.845	78.305	79.557	82.328	9	10

续表

地市	2016年	2017年	2018年	2019年	2020年	期初排名	期末排名
南阳	64.488	68.442	70.856	72.698	76.435	15	13
商丘	69.254	73.657	75.083	77.878	82.907	10	9
信阳	60.190	64.246	67.231	69.674	71.738	18	18
周口	61.567	63.849	65.521	67.834	72.865	17	16
驻马店	64.086	66.224	69.111	70.373	73.158	16	15
济源	71.515	76.702	79.163	80.884	134.384	8	1

附表20　2016—2020年河南省各地市对外开放支撑点指数

地市	2016年	2017年	2018年	2019年	2020年	期初排名	期末排名
郑州	78.713	78.300	77.593	79.079	80.480	5	3
开封	73.511	75.030	67.536	68.192	67.433	9	11
洛阳	75.531	76.434	73.565	72.003	69.461	7	9
平顶山	60.000	69.334	69.549	68.381	69.865	18	8
安阳	63.431	63.181	63.092	61.956	61.887	14	17
鹤壁	86.460	97.693	87.722	82.211	74.523	4	4
新乡	76.277	75.135	73.161	73.582	72.562	6	6
焦作	74.733	70.625	72.055	70.521	69.137	8	10
濮阳	61.254	61.854	61.885	61.086	61.435	17	18
许昌	68.204	65.918	65.164	63.841	63.342	13	14
漯河	91.136	87.589	83.901	88.137	94.603	3	1
三门峡	100.000	99.580	80.385	68.937	73.789	1	5
南阳	69.048	67.077	65.695	66.116	65.227	11	12
商丘	63.041	78.822	77.733	68.250	69.873	15	7
信阳	62.999	65.575	64.368	63.469	63.189	16	15
周口	68.633	63.988	64.252	61.838	62.516	12	16
驻马店	69.719	59.730	65.708	64.324	64.600	10	13
济源	97.529	124.037	104.187	90.415	86.456	2	2

附表 21　2016—2020 年河南省各地市产业结构高级化支撑点指数

地市	2016 年	2017 年	2018 年	2019 年	2020 年	期初排名	期末排名
郑州	86.871	87.970	91.550	92.978	94.413	1	1
开封	69.647	72.035	72.165	76.611	78.087	9	3
洛阳	72.532	72.468	75.649	76.660	76.210	7	5
平顶山	77.629	86.826	84.756	82.788	72.872	3	8
安阳	65.431	68.446	67.098	65.887	66.642	14	16
鹤壁	86.689	89.724	89.289	92.578	90.069	2	2
新乡	68.414	69.099	71.496	71.701	72.713	10	9
焦作	70.693	72.809	72.737	71.263	71.421	8	10
濮阳	63.401	64.924	66.654	67.438	67.488	16	15
许昌	73.380	78.253	76.170	75.121	75.942	6	6
漯河	60.212	61.104	63.630	67.743	62.575	18	18
三门峡	77.399	79.922	80.606	76.079	73.071	4	7
南阳	67.415	67.400	67.901	68.063	70.191	12	12
商丘	73.634	77.261	75.209	77.506	78.009	5	4
信阳	66.688	66.712	68.118	69.827	71.388	13	11
周口	63.847	63.741	65.814	67.946	68.658	15	14
驻马店	62.625	64.269	65.883	66.722	68.967	17	13
济源	68.378	69.097	67.791	65.783	64.884	11	17

附表 22　2016—2020 年河南省各地市产业结构高效化支撑点指数

地市	2016 年	2017 年	2018 年	2019 年	2020 年	期初排名	期末排名
郑州	86.410	93.334	97.508	100.081	101.170	2	1
开封	83.592	91.051	85.092	86.312	90.289	3	3
洛阳	69.508	73.200	76.821	77.909	77.702	15	12
平顶山	76.529	85.678	83.207	81.071	70.483	11	16
安阳	63.055	67.029	68.090	65.205	65.212	18	17

续表

地市	2016年	2017年	2018年	2019年	2020年	期初排名	期末排名
鹤壁	88.602	93.415	92.260	94.389	92.292	1	2
新乡	72.440	75.407	78.087	79.960	78.014	13	11
焦作	71.068	73.200	72.755	74.823	75.225	14	14
濮阳	81.197	84.447	82.364	80.065	84.125	6	7
许昌	75.451	81.395	82.160	82.042	82.620	12	8
漯河	82.307	84.575	84.937	82.953	78.069	4	10
三门峡	78.135	81.361	80.762	75.923	75.168	9	15
南阳	76.639	80.506	80.061	78.313	76.303	10	13
商丘	79.451	85.159	80.655	85.586	87.429	7	5
信阳	78.308	87.096	83.375	83.457	81.296	8	9
周口	82.146	83.250	83.273	84.635	87.485	5	4
驻马店	66.846	73.022	80.425	80.695	86.318	16	6
济源	65.336	67.033	62.593	61.129	59.890	17	18

附表23　2016—2020年河南省各地市劳动效率支撑点指数

地市	2016年	2017年	2018年	2019年	2020年	期初排名	期末排名
郑州	100.000	100.000	100.000	100.000	100.000	1	1
开封	100.000	81.532	73.024	73.030	62.598	2	18
洛阳	75.629	77.481	80.636	85.284	85.367	8	6
平顶山	69.169	69.310	71.071	72.839	71.932	12	12
安阳	66.078	67.192	69.399	70.141	70.412	15	13
鹤壁	71.711	72.796	76.227	79.774	79.243	10	8
新乡	67.670	68.659	71.190	73.264	73.474	13	9
焦作	75.515	76.891	80.749	83.765	83.059	9	7
濮阳	66.446	67.597	70.105	72.083	72.136	14	11
许昌	100.000	95.502	92.900	100.000	98.574	3	3
漯河	70.939	68.517	71.461	73.323	73.164	11	10
三门峡	79.059	82.049	83.611	87.751	87.787	7	5

续表

地市	2016年	2017年	2018年	2019年	2020年	期初排名	期末排名
南阳	62.612	63.419	65.082	67.452	67.653	17	14
商丘	60.000	60.600	62.021	63.510	65.876	18	15
信阳	64.672	65.780	66.695	65.482	65.589	16	16
周口	100.000	100.000	87.783	93.524	100.000	4	2
驻马店	80.340	63.811	62.329	62.931	62.968	6	17
济源	85.618	88.676	91.941	95.945	95.773	5	4

附表24 2016—2020年河南省各地市资本效率支撑点指数

地市	2016年	2017年	2018年	2019年	2020年	期初排名	期末排名
郑州	100.000	100.000	100.000	100.000	100.000	1	1
开封	100.000	95.617	91.108	89.987	83.529	2	6
洛阳	80.788	77.414	75.173	73.558	70.095	13	12
平顶山	95.158	92.747	91.049	90.666	87.464	6	4
安阳	82.204	78.083	80.016	80.990	82.349	11	7
鹤壁	83.054	78.813	75.636	73.741	69.238	8	14
新乡	75.613	75.225	74.672	74.480	72.129	15	10
焦作	82.378	77.927	78.227	79.225	76.181	10	8
濮阳	82.846	77.971	74.167	72.495	69.267	9	13
许昌	100.000	95.119	92.149	100.000	93.509	3	3
漯河	89.319	84.626	81.827	79.195	74.156	7	9
三门峡	67.193	64.090	62.049	60.582	57.775	17	18
南阳	76.883	73.399	70.813	69.522	66.096	14	16
商丘	82.026	78.521	76.463	74.727	68.880	12	15
信阳	72.394	69.484	68.518	67.330	65.353	16	17
周口	100.000	100.000	94.722	98.574	100.000	4	2
驻马店	99.772	94.359	91.167	88.738	84.747	5	5
济源	60.000	62.200	64.603	69.763	71.476	18	11

附表 25 2016—2020 年河南省各地市经济产出效率支撑点指数

地市	2016 年	2017 年	2018 年	2019 年	2020 年	期初排名	期末排名
郑州	100.000	100.000	100.000	100.000	100.000	1	1
开封	100.000	96.237	91.844	90.851	85.120	2	6
洛阳	73.492	67.631	63.497	68.206	63.869	15	17
平顶山	93.864	91.166	88.994	88.357	83.822	6	7
安阳	74.883	68.602	71.817	73.897	76.216	13	12
鹤壁	80.564	76.735	74.846	74.993	71.374	8	13
新乡	65.264	64.465	63.425	62.608	58.534	16	18
焦作	76.580	69.246	69.541	72.255	68.140	11	14
濮阳	78.911	77.387	70.757	69.408	64.819	10	16
许昌	100.000	98.379	96.774	100.000	99.781	3	3
漯河	90.018	84.997	81.698	79.966	78.553	7	11
三门峡	60.000	55.438	59.499	67.315	81.638	18	10
南阳	73.687	71.553	66.666	68.662	67.524	14	15
商丘	75.187	70.004	66.599	66.130	83.322	12	8
信阳	80.527	82.067	82.532	80.463	82.960	9	9
周口	100.000	100.000	96.783	99.149	100.000	4	2
驻马店	99.719	92.724	88.685	85.826	85.573	5	5
济源	60.098	70.275	79.997	90.564	90.137	17	4

附表 26 2016—2020 年河南省各地市税收产出效率支撑点指数

地市	2016 年	2017 年	2018 年	2019 年	2020 年	期初排名	期末排名
郑州	100.000	100.000	100.000	100.000	100.000	1	1
开封	100.000	78.562	79.003	79.666	80.929	2	6
洛阳	73.134	73.223	71.115	68.858	67.907	7	12
平顶山	71.632	73.496	75.055	74.820	71.490	8	10
安阳	70.000	70.480	76.848	77.943	77.919	9	8
鹤壁	63.225	65.825	68.036	66.831	63.083	15	16

续表

地市	2016年	2017年	2018年	2019年	2020年	期初排名	期末排名
新乡	64.047	65.680	67.651	66.986	65.142	12	14
焦作	60.000	59.432	61.091	59.373	55.414	18	18
濮阳	63.386	68.095	66.964	65.423	63.450	14	15
许昌	100.000	95.146	90.327	100.000	93.550	3	3
漯河	85.209	83.393	83.425	83.017	83.728	6	4
三门峡	61.724	63.471	67.435	68.824	68.529	17	11
南阳	63.771	63.319	63.177	64.349	62.922	13	17
商丘	62.257	62.775	64.992	66.579	79.872	16	7
信阳	67.955	70.379	71.665	66.645	65.557	10	13
周口	100.000	100.000	93.360	90.987	100.000	4	2
驻马店	97.579	74.229	73.233	72.978	73.804	5	9
济源	67.137	76.117	85.099	86.580	83.686	11	5

附表27　2016—2020年河南省各地市能源使用效率支撑点指数

地市	2016年	2017年	2018年	2019年	2020年	期初排名	期末排名
郑州	100.000	100.000	100.000	100.000	100.000	1	1
开封	100.000	91.538	87.684	89.367	91.284	2	4
洛阳	67.539	68.943	70.606	73.152	76.183	16	15
平顶山	71.852	71.183	69.933	71.006	77.073	12	14
安阳	65.519	68.335	69.631	72.329	78.231	17	13
鹤壁	81.287	83.205	83.598	84.969	84.260	9	10
新乡	68.176	68.152	67.611	68.823	73.541	14	16
焦作	68.143	67.807	68.875	71.091	70.995	15	17
濮阳	80.332	86.406	83.264	82.699	81.481	10	12
许昌	100.000	98.993	97.778	100.000	99.865	3	3
漯河	90.812	91.055	90.546	89.815	90.387	5	6
三门峡	77.692	76.797	79.591	82.966	89.372	11	8
南阳	82.227	82.199	80.850	83.515	83.482	8	11

续表

地市	2016年	2017年	2018年	2019年	2020年	期初排名	期末排名
商丘	70.375	71.060	72.009	77.579	91.026	13	5
信阳	89.231	90.034	90.185	88.737	89.987	6	7
周口	100.000	100.000	97.614	98.699	100.000	4	2
驻马店	86.559	84.500	83.624	83.661	85.666	7	9
济源	60.000	60.649	63.226	63.819	63.551	18	18

附表28　2016—2020年河南省各地市污染排放效率支撑点指数

地市	2016年	2017年	2018年	2019年	2020年	期初排名	期末排名
郑州	100.000	100.000	100.000	100.000	100.000	1	1
开封	100.000	70.861	66.571	67.556	69.107	2	7
洛阳	66.337	67.683	69.816	71.768	75.420	8	4
平顶山	66.355	66.373	65.918	67.286	66.768	7	11
安阳	62.263	62.762	63.249	64.143	65.044	14	13
鹤壁	60.370	60.636	60.873	61.258	61.465	17	17
新乡	62.809	63.769	64.090	65.670	66.871	11	10
焦作	62.665	63.329	64.009	65.008	66.078	12	12
濮阳	61.874	62.331	62.431	63.395	64.075	15	15
许昌	100.000	91.241	78.813	100.000	98.411	3	3
漯河	62.358	61.692	61.584	62.591	63.093	13	16
三门峡	61.726	62.247	62.857	63.559	64.363	16	14
南阳	65.876	67.575	67.448	70.093	72.204	9	5
商丘	63.295	64.209	64.418	66.168	70.418	10	6
信阳	67.718	69.029	67.932	67.291	69.049	6	8
周口	100.000	100.000	88.837	97.225	100.000	4	2
驻马店	86.388	71.615	67.484	68.304	68.256	5	9
济源	60.000	60.176	60.323	60.572	60.839	18	18

参考文献

[1] Aiyar S, Duval R, Puy D, et al. Growth slowdowns and the middle-income trap [J]. Japan and the World Economy, 2018, 48: 22-37.

[2] Charnes A, Cooper W W, Rhodes E. Measuring the efficiency of decision making units [J]. European journal of operational research, 1978, 2 (6): 429-444.

[3] Chung Y H, Färe R, Grosskopf S. Productivity and undesirable outputs: a directional distance function approach [J]. journal of Environmental Management, 1997, 51 (3): 229-240.

[4] Easterly W, Rebelo S. Fiscal Policy and Economic Growth: An Empirical Investigation [J]. NBER Working Paper Series, 1994 (w4499).

[5] Fare R, Färe R, Fèare R, et al. Production frontiers [M]. Cambridge university press, 1994.

[6] Färe R, Grosskopf S, Pasurka, Jr C A. Accounting for air pollution emissions in measures of state manufacturing productivity growth [J]. Journal of regional science, 2001, 41 (3): 381-409.

[7] Harrod R. An essay in dynamic theory [M] //Economic Essays. Palgrave Macmillan, London, 1972: 254-277.

[8] Jones J B. Has fiscal policy helped stabilize the postwar US economy? [J]. Journal of Monetary Economics, 2002, 49 (4): 709-746.

[9] Krugman P. The myth of Asia's miracle [J]. Foreign affairs, 1994: 62-78.

[10] Macek R. Labour taxation and its impact on economic growth: Complex analysis [J]. DANUBE: Law, Economics and Social Issues Re-

view, 2018, 9 (1): 49-61.

[11] Pastor J T, Lovell C A K. A global Malmquist productivity index [J]. Economics Letters, 2005, 88 (2): 266-271.

[12] Qian Y, Roland G. Federalism and the soft budget constraint [J]. American economic review, 1998: 1143-1162.

[13] Samuelson P A. Fundamentals of Economic Analysis [M]. Cambridge, MA: Harvard University Press, 1948.

[14] Shephard R W. Theory of cost and production functions [M]. Princeton University Press, 2015.

[15] Sørensen P, Whitta-Jacobsen H. Introducing Advanced Macroeconomics: Growth and Business Cycles 2e [M]. McGraw Hill, 2010.

[16] Wang S, Han J. Research on the Interference Trend of National Taxation with Price and Inflation [J]. Open Journal of Social Sciences, 2018, 6 (03): 156.

[17] Young A. Gold into base metals: Productivity growth in the People's Republic of China during the reform period [J]. Journal of political economy, 2003, 111 (6): 1220-1261.

[18] Zhou P, Ang B W, Poh K L. A survey of data envelopment analysis in energy and environmental studies [J]. European journal of operational research, 2008, 189 (1): 1-18.

[19] 白仲林, 缪言, 王理华. 分税制与中国宏观经济波动——基于新凯恩斯 DSGE 模型的实证分析 [J]. 财经论丛, 2016 (4): 36-44.

[20] 卞志村, 杨源源. 结构性财政调控与新常态下财政工具选择 [J]. 经济研究, 2016, 51 (3): 66-80.

[21] 李晓梅. 改善和加强税收的宏观调控功能 [J]. 学习与研究, 2005 (9): 28-29.

[22] 段启华. 1953—2002 年: 中国经济的周期性波动与税收政策选择 [J]. 中国经济评论, 2003, 3 (1): 7-14.

[23] 蔡宏波，王俊海．所得税与中国宏观经济波动——基于动态随机一般均衡模型的拓展研究［J］．经济理论与经济管理，2011（11）：39-46.

[24] 胡深，张凯强．经济波动，税收努力与企业税收遵从［J］．财政研究，2020，443（1）：115-131.

[25] 常婷婷．营改增背景下税收规模波动的宏观传导效应［D］．太原：山西财经大学，2017.

[26] 李玉双，刘凤根．财政政策对经济波动的不确定性影响效应——基于DSGE模型的分析［J］．湖南商学院学报，2014，21（5）：5-5.

[27] 何燕，马丽，周靖祥．财政收入、税收政策及宏观经济波动研究综述［J］．西部商学评论，2009（2）：16-28.

[28] 杨灿明，詹新宇．中国宏观税负政策偏向的经济波动效应［J］．中国社会科学，2016（4）：71-90.

[29] 蔡昉．中国经济增长如何转向全要素生产率驱动型［J］．中国社会科学，2013（1）：57-72.

[30] 曹润林，陈海林．税收负担、税制结构对经济高质量发展的影响［J］．税务研究，2021（1）：126-133.

[31] 陈芳，张书勤．产业结构优化对外贸高质量发展的影响研究——以长江经济带为例［J］．兰州财经大学学报，2020，36（3）：52-61.

[32] 陈刚，赵志耘，许端阳．科技创新支撑经济发展方式转变的动力机制［J］．中国科技论坛，2014（6）：5-8.

[33] 陈黎明，王文平，王斌．"两横三纵"城市化地区的经济效率、环境效率和生态效率——基于混合方向性距离函数和合图法的实证分析［J］．中国软科学，2015（2）：96-109.

[34] 陈雪，王永贵．全面把握新时代共享发展理念的理与路［J］．南京工业大学学报（社会科学版），2020，19（5）：48-57.

[35] 陈言. 税收政策和宏观内生经济波动研究 [D]. 济南: 山东大学, 2013.

[36] 成都市国家税务局课题组, 郝川明, 刘建, 莫铌, 等. 税收发票指数与经济发展关联性研究——基于 PAC、VAR 模型的经济计量分析 [J]. 税务研究, 2018 (2): 106-109.

[37] 程曦, 蔡秀云. 税收政策对企业技术创新的激励效应——基于异质性企业的实证分析 [J]. 中南财经政法大学学报, 2017 (6): 94-102.

[38] 戴翔, 张二震, 张雨. 双循环新发展格局与国际合作竞争新优势重塑 [J]. 国际贸易, 2020 (11): 11-17.

[39] 翟璇. 绿色理念下智慧零售创新发展路径 [J]. 商业经济研究, 2021 (13): 34-38.

[40] 丁迈琳. 东北地区产业结构优化升级对经济增长质量的影响研究 [D]. 长春: 吉林大学, 2020.

[41] 丁涛, 顾金亮. 科技创新驱动江苏地区经济高质量发展的路径研究 [J]. 南通大学学报（社会科学版）, 2018, 34 (4): 41-46.

[42] 董敏杰, 李钢, 梁泳梅. 中国工业环境全要素生产率的来源分解——基于要素投入与污染治理的分析 [J]. 数量经济技术经济研究, 2012, 29 (2): 3-20.

[43] 窦睿音, 张生玲, 刘学敏. 中国资源型城市"三生系统"耦合协调发展研究 [J]. 统计与决策, 2021, 37 (2): 98-102.

[44] 杜文翠. 促进循环经济发展的税收政策研究 [D]. 贵阳市: 贵州财经大学, 2017.

[45] 樊轶侠. 助推居民消费升级的税收政策优化研究 [J]. 税务研究, 2018 (12): 16-19.

[46] 范子英, 高跃光. 如何推进高质量发展的税制改革 [J]. 探索与争鸣, 2019 (7): 106-113.

[47] 付文飙, 王禾. 如何认识和推动质量变革 [J]. 中国发展观

察，2018，(6)：35-38.

[48] 耿强，章雱. 中国宏观经济波动中的外部冲击效应研究——基于金融加速器理论的动态一般均衡数值模拟分析 [J]. 经济评论，2010（5）：112-120.

[49] 龚旻，甘家武，蔡娟. 税收政策不确定性与地区经济波动——基于中国市级面板数据的实证检验 [J]. 云南财经大学学报，2018，34（3）：13-24.

[50] 辜胜阻，吴华君，吴沁沁，等. 创新驱动与核心技术突破是高质量发展的基石 [J]. 中国软科学，2018，(10)：9-18.

[51] 郭庆旺，贾俊雪，刘晓路. 财政政策与宏观经济稳定：情势转变视角 [J]. 管理世界，2007（5）：7-15.

[52] 郭庆旺，赵旭杰. 地方政府投资竞争与经济周期波动 [J]. 世界经济，2012，35（5）：3-21.

[53] 郭涛，孙玉阳. 环境规制对企业高质量发展作用之谜——基于异质性企业与全要素生产率分解视角 [J]. 暨南学报（哲学社会科学版），2021，43（3）：102-118.

[54] 郭艳娇，寇明风. 关于我国税负"痛苦"的理性思考 [J]. 财政研究，2013（3）：8-12.

[55] 国家税务总局湖北省税务局课题组，胡立升，庞凤喜，刘紫斌，等. 世界银行营商环境报告纳税指标及我国得分情况分析 [J]. 税务研究，2019（1）：80-85.

[56] 韩彬，吴俊培，李森焱. 我国税制结构经济增长效应研究 [J]. 上海经济研究，2019（1）：89-98.

[57] 韩秀兰，王久瑾. 地方税收、经济增长与产业结构——基于对数平均D氏指数方法的分解分析 [J]. 税务研究，2013（12）：61-64.

[58] 洪功翔. 以供给侧改革加快建设现代化经济体系——《供给侧改革：方法论与实践逻辑》评介 [J]. 经济纵横，2018，4（5）：129.

[59] 洪银兴. 消费需求、消费力、消费经济和经济增长 [J]. 中

国经济问题, 2013 (1): 3-8.

[60] 侯明, 杨树臣. 论经济增长中的税收宏观调控 [J]. 东北师大学报, 2001 (6): 61-64.

[61] 胡淑洁. 我国税收竞争力研究 [D]. 济南: 山东财经大学, 2012.

[62] 华坚, 胡金昕. 中国区域科技创新与经济高质量发展耦合关系评价 [J]. 科技进步与对策, 2019, 36 (8): 19-27.

[63] 黄琨, 肖光恩. 关于增强湖北省市场活力促进开放型经济发展问题研究 [J]. 湖北社会科学, 2016 (4): 66-71.

[64] 黄赜琳, 朱保华. 中国的实际经济周期与税收政策效应 [J]. 经济研究, 2015, 50 (3): 4-17.

[65] 黄赜琳. 中国经济周期特征与财政政策效应——一个基于三部门RBC模型的实证分析 [J]. 经济研究, 2005 (6): 27-39.

[66] 贾俊飞. 提升市场主体有效供给能力 构建内外循环新发展格局 [J]. 现代国企研究, 2020 (11): 42-43.

[67] 贾俊雪. 中国税收收入规模变化的规则性、政策态势及其稳定效应 [J]. 经济研究, 2012, 47 (11): 103-117.

[68] 贾铁丰. 我国税收营商环境指标体系构建研究 [D]. 上海: 上海海关学院, 2020.

[69] 焦鹏. 现代指数理论与实践若干问题的研究 [D]. 厦门: 厦门大学, 2008.

[70] 金戈. 最优税收与经济增长: 一个文献综述 [J]. 经济研究, 2013, 48 (7): 143-155.

[71] 荆克迪. 在全面建设社会主义现代化国家中坚定不移地深入贯彻绿色发展理念 [J]. 政治经济学评论, 2021, 12 (2): 82-96.

[72] 孔晓, 谢地. 构建新发展格局与马克思主义经济学的创新发展——全国第十四届马克思主义经济学发展与创新论坛综述 [J]. 经济研究, 2021, 56 (3): 204-208.

[73] 匡贤明. 消费能否拉动经济增长？——基于消费-增长路径的分析 [J]. 经济体制改革, 2015 (1)：189-194.

[74] 李波. 税收政策促进产业结构优化的思考 [J]. 税务研究, 2015 (4)：17-21.

[75] 李成, 施文泼. 世界银行纳税营商环境指标体系研究 [J]. 厦门大学学报（哲学社会科学版）, 2020 (5)：118-130.

[76] 李华. 高质量发展目标下税收体系构建与减税降费再推进 [J]. 税务研究, 2019 (5)：25-29.

[77] 李建军. 税收征管效率与实际税率关系的实证研究——兼论我国"税收痛苦指数"降低的有效途径 [J]. 当代财经, 2013 (4)：37-47.

[78] 李婧. 双循环发展格局下我国对外贸易动能转换与产业竞争优势——兼论国内消费市场的贸易反哺效应 [J]. 商业经济研究, 2021 (13)：142-145.

[79] 李明, 赵旭杰, 冯强. 经济波动中的中国地方政府与企业税负：以企业所得税为例 [J]. 世界经济, 2016, 39 (11)：104-125.

[80] 李宁, 韩同银. 京津冀生产性服务业与制造业协同发展实证研究 [J]. 城市发展研究, 2018, 25 (9)：16-22.

[81] 李鹏. 让消费为高质量发展注入持久动力 [J]. 人民论坛, 2019 (14)：36-37.

[82] 李涛, 黄纯纯, 周业安. 税收、税收竞争与中国经济增长 [J]. 世界经济, 2011, 34 (4)：22-41.

[83] 李涛. 国家治理现代化的改革动力与法治路径 [J]. 广东社会科学, 2021 (2)：225-230.

[84] 李曦辉, 黄基鑫. 绿色发展：新常态背景下中国经济发展新战略 [J]. 经济与管理研究, 2019, 40 (8)：3-15.

[85] 李香菊, 杨欢. 助推我国经济高质量发展的税收优化研究 [J]. 税务研究, 2019 (5)：18-24.

[86] 李永友，周达军．自动稳定器与相机抉择：财政政策宏观调控机制的权衡与完善［J］．财贸经济，2007（2）：10-17.

[87] 李永友．我国税收负担对经济增长影响的经验分析［J］．财经研究，2004（12）：53-65.

[88] 李忠．我国税收负担对经济增长的影响研究［D］．重庆：西南大学，2012.

[89] 廖重斌．环境与经济协调发展的定量评判及其分类体系——以珠江三角洲城市群为例［J］．热带地理，1999（2）：76-82.

[90] 刘畅，高铁梅．中国电力行业周期波动特征及电力需求影响因素分析——基于景气分析及误差修正模型的研究［J］．资源科学，2011，33（1）：169-177.

[91] 刘方．结构性减税与税制改革协调性分析［J］．当代经济管理，2015，37（3）：72-79.

[92] 刘放．基于宏观经济波动的混合所有制企业投资效率研究［D］．武汉：武汉大学，2015.

[93] 刘凤恒．推动经济发展质量变革效率变革动力变革［J］．学习与研究，2018（5）：35-38.

[94] 刘海波，邵飞飞，钟学超．我国结构性减税政策及其收入分配效应——基于异质性家庭NK-DSGE的模拟分析［J］．财政研究，2019（3）：30-46.

[95] 刘合斌．税收评价指数：模型建立与实证分析［J］．税务研究，2009（6）：86-90.

[96] 刘金东，冯经纶．中国税收超GDP增长的因素分解研究——基于Divisia指数分解方法［J］．财经研究，2014，40（2）：30-40.

[97] 刘穷志．税收竞争、资本外流与投资环境改善——经济增长与收入公平分配并行路径研究［J］．经济研究，2017，52（3）：61-75.

[98] 刘溶沧，马拴友．论税收与经济增长——对中国劳动、资本和消费征税的效应分析［J］．中国社会科学，2002（1）：67-76.

[99] 刘尚希,樊轶侠.论高质量发展与税收制度的适应性改革[J].税务研究,2019(5):12-17.

[100] 刘世锦.推动经济发展质量变革、效率变革、动力变革[J].中国发展观察,2017,4(21):5-6.

[101] 刘世锦.质量变革,效率变革,动力变革的关键是提高全要素生产率[J].党政干部参考,2017(22):54-54.

[102] 刘树成.现代经济辞典[M].江苏人民出版社,2005.

[103] 刘伟.完善市场经济秩序 提高市场经济质量[J].理论视野,2003(6):20-21.

[104] 刘雪.财税政策对经济协调发展的影响分析[J].中国农业会计,2021(6):22-23.

[105] 刘英奎,吴文军,李媛.中国营商环境建设及其评价研究[J].区域经济评论,2020(1):70-78.

[106] 娄梦月.新形势下激发市场活力的税收政策探讨[J].财政监督,2021(12):86-91.

[107] 吕敏,刘和祥,刘嘉莹.我国绿色税收政策对经济影响的实证分析[J].税务研究,2018(11):15-19.

[108] 马成文,马瑞祺.省际经济高质量发展水平测度分析[J].辽宁工业大学学报(社会科学版),2021,23(3):45-49.

[109] 马国强.经济发展水平、税收政策目标与税制结构模式[J].税务研究,2016(5):3-16.

[110] 马健瑞,胡国良,麻鑫鑫.充分发挥多层级优势,构建"双循环"新发展格局[J].中国发展观察,2020(7):38-41.

[111] 马茹,罗晖,王宏伟,等.中国区域经济高质量发展评价指标体系及测度研究[J].中国软科学,2019(7):60-67.

[112] 孟莹莹.中国消费税的经济效应研究[D].成都:西南财经大学,2012.

[113] 齐欣,王强.推进贸易高质量发展的文化路径研究——基

于全要素生产率的视角［J］. 宏观质量研究，2021，9（3）：70-85.

［114］钱斌华. 探索税收与经济的互动性：税收指数的构建与实证——以宁波市为例［J］. 浙江学刊，2017（1）：208-213.

［115］钱佳慧，罗晶钰，韩滨阳，等. 我国营商环境评价现状研究［J］. 中国市场，2020（26）：59-60.

［116］秦天程. 宏观经济波动对上市公司R&D投资的影响研究［D］. 北京：中央财经大学，2015.

［117］任保平，刘笑. 新时代我国高质量发展中的三维质量变革及其协调［J］. 江苏行政学院学报，2018，4（6）：37-43.

［118］桑倩倩，栗玉香. 教育投入、技术创新与经济高质量发展——来自237个地级市的经验证据［J］. 求是学刊，2021，48（3）：86-99.

［119］沈坤荣，付文林. 税收竞争、地区博弈及其增长绩效［J］. 经济研究，2006（6）：16-26.

［120］沈坤荣，余红艳. 税制结构优化与经济增长动力重构［J］. 经济学家，2014（10）：51-59.

［121］沈立，倪鹏飞，徐海东，等. 市场活力、创新能力对城市可持续竞争力的影响机制［J］. 城市问题，2020（12）：24-33.

［122］盛朝迅. 如何推动质量变革、效率变革和动力变革［J］. 经济研究参考，2017（63）：24-25.

［123］石博磊. 促进居民消费需求的税收政策研究［D］. 南昌：江西财经大学，2014.

［124］史丹，赵剑波，邓洲. 推动高质量发展的变革机制与政策措施［J］. 财经问题研究，2018，418（9）：21-29.

［125］粟壬波. 财政政策规则及其宏观经济效应研究［D］. 长沙：湖南大学，2016.

［126］孙超. 自由贸易港的税收制度研究——兼论我国海南自由贸易港的税收激励机制的构建［J］. 税收经济研究，2018，23（4）：44-50.

[127] 孙玉栋. 我国税收负担的走势及其政策调整——兼评"税收痛苦指数"[J]. 当代经济研究, 2007 (6): 54-57.

[128] 唐晓华, 张欣珏, 李阳. 中国制造业与生产性服务业动态协调发展实证研究[J]. 经济研究, 2018, 53 (3): 79-93.

[129] 唐志军, 刘友金, 谌莹. 地方政府竞争、投资冲动和我国宏观经济波动研究[J]. 当代财经, 2011 (8): 8-18.

[130] 田海燕. 开放经济下中国税收政策优化研究[D]. 长春: 东北师范大学, 2019.

[131] 田磊, 林建浩, 张少华. 政策不确定性是中国经济波动的主要因素吗——基于混合识别法的创新实证研究[J]. 财贸经济, 2017, 38 (1): 5-20.

[132] 田磊, 孙凤芝, 张宗斌, 等. 黄河流域旅游业与资源环境协调发展实证研究[J]. 干旱区资源与环境, 2021, 35 (7): 196-202.

[133] 田秋生. 高质量发展的理论内涵和实践要求[J]. 山东大学学报（哲学社会科学版）, 2018 (6): 1-8.

[134] 田效先. 企业所得税的经济增长效应研究[D]. 大连: 东北财经大学, 2013.

[135] 童大龙, 何塞, 储德银. 我国税收政策对经济增长的非线性效应研究——基于总量与结构效应双重视角的实证分析[J]. 商业经济与管理, 2015 (3): 23-33.

[136] 童锦治, 廖立忠. 通货膨胀、税收指数化与税收政策——对美国一条治税经验的分析[J]. 涉外税务, 1995 (4): 16-18.

[137] 万媛媛, 苏海洋, 刘娟. 文明建设和经济高质量发展的区域协调评价[J]. 统计与决策, 2020, 36 (22): 66-70.

[138] 汪克亮, 杨力, 杨宝臣, 等. 能源经济效率、能源环境绩效与区域经济增长[J]. 管理科学, 2013, 26 (3): 86-99.

[139] 王桂军, 张辉, 金田林. 中国经济质量发展的推动力: 结构调整还是技术进步[J]. 经济学家, 2020, 258 (6): 61-69.

[140] 王军，李萍．绿色税收政策对经济增长的数量与质量效应——兼议中国税收制度改革的方向［J］．中国人口·资源与环境，2018，28（5）：17-26．

[141] 王琪延，马琳．中国经济产出效率问题研究——基于闲暇效应与国际比较视角［J］．调研世界，2016（8）：51-55．

[142] 王祺．税收分析系统的设计与实现［D］．济南：山东大学，2011．

[143] 王雄飞，李香菊．高质量发展动力变革与财税体制改革的深化［J］．改革，2018，292（6）：80-88．

[144] 王英俭，陈套．关于科技强国建设的科技史维度思考？兼论对"创新是第一动力，人才是第一资源"再认识［J］．中国科学院院刊，2018，33（10）：1064-1071．

[145] 王长宇．中国税收成本问题研究［D］．北京：首都经济贸易大学，2016．

[146] 魏敏，李书昊．新时代中国经济高质量发展水平的测度研究［J］．数量经济技术经济研究，2018，35（11）：3-20．

[147] 吴刚，刘晓惠，冉淑青．西部地区市场主体成长力评价及路径优化研究——基于工商登记注册信息数据的分析［J］．西北工业大学学报（社会科学版），2018（1）：98-104．

[148] 吴俊培，韩彬．试论税收治理指数［J］．财政监督，2018（12）：28-35．

[149] 席卫群，胡芳．我国税收法治建设状况及指数化评估研究［J］．当代财经，2019（12）：27-37．

[150] 肖宏伟，牛犁．我国经济发展动力结构特征与变革方向［J］．经济纵横，2021（5）：85-92．

[151] 谢波峰．基于大数据的税收经济分析和预测探索［J］．大数据，2017，3（3）：15-24．

[152] 谢冬梅，贾宪洲．中国税收痛苦指数的影响因素及政策建

议［J］. 经济论坛，2015（11）：91-97.

［153］徐国祥. 统计指数理论及应用［M］. 北京：中国统计出版社，2005.

［154］徐奇渊. 双循环新发展格局：如何理解和构建［J］. 金融论坛，2020，25（9）：3-9.

［155］许晓冬，刘金晶. 我国省域营商环境评价指标体系构建与优化路径研究［J］. 价格理论与实践，2020（11）：173-176.

［156］许志伟，王文甫. 经济政策不确定性对宏观经济的影响——基于实证与理论的动态分析［J］. 经济学（季刊），2019，18（1）：23-50.

［157］薛钢，刘军. 我国个人所得税指数化问题探究［J］. 税务研究，2013（9）：47-50.

［158］严成樑，龚六堂. 税收政策对经济增长影响的定量评价［J］. 世界经济，2012，35（4）：41-61.

［159］严成樑，胡志国. 创新驱动、税收扭曲与长期经济增长［J］. 经济研究，2013，48（12）：55-67.

［160］杨灿. 经济指数理论问题研究［J］. 中国经济问题，2001（4）：49-56.

［161］杨灿明，詹新宇. 中国宏观税负政策偏向的经济波动效应［J］. 中国社会科学，2016，（4）：71-90.

［162］杨承训. 论经济新常态与创新发展理念［J］. 上海经济研究，2017（2）：3-8.

［163］杨俊，邵汉华. 环境约束下的中国工业增长状况研究——基于Malmquist-Luenberger指数的实证分析［J］. 数量经济技术经济研究，2009，26（9）：64-78.

［164］杨默如. 美国个人所得税"税收指数化"的做法及评价［J］. 价格理论与实践，2015（4）：98-100.

［165］杨帅，温铁军. 经济波动、财税体制变迁与土地资源资本化——对中国改革开放以来"三次圈地"相关问题的实证分析［J］.

管理世界，2010（4）：32-41.

[166] 杨卫华. 降低税收成本，提高税收效率 [J]. 税务研究，2005（3）：70-73.

[167] 杨宜勇. 全面开创经济社会高质量发展的新格局 [J]. 经济社会体制比较，2020，212（6）：8-10.

[168] 杨云. 异质性经济主体条件下结构性税收政策的经济效应研究 [D]. 长沙：湖南大学，2017.

[169] 于斌斌. 产业结构调整与生产率提升的经济增长效应——基于中国城市动态空间面板模型的分析 [J]. 中国工业经济，2015（12）：83-98.

[170] 余泳泽，杨晓章，张少辉. 中国经济由高速增长向高质量发展的时空转换特征研究 [J]. 数量经济技术经济研究，2019，36（6）：3-21.

[171] 余子牛，刘艺璇. 促进经济高质量发展的要素供给机制研究 [J]. 学习与实践，2019，429（11）：58-65.

[172] 张东敏. 最优税收、经济增长与收入分配 [D]. 长春：吉林大学，2015.

[173] 张纲. 质量变革是一场全方位变革 [J]. 中国发展观察，2018（3）：28-30.

[174] 张晋瑞. 也谈税收指标体系数据仓库的构建 [J]. 科技情报开发与经济，2008（14）：161-163.

[175] 张军扩，侯永志，刘培林，等. 高质量发展的目标要求和战略路径 [J]. 管理世界，2019，35（7）：1-7.

[176] 张俊山. 对经济高质量发展的马克思主义政治经济学解析 [J]. 经济纵横，2019，4（1）：36-44.

[177] 张林，李雨田. 金融发展与科技创新的系统耦合机理及耦合协调度研究 [J]. 南方金融，2015（11）：53-61.

[178] 张希. 税收安排对我国区域经济发展方式转变的影响及其

政策优化研究［D］．长沙：湖南大学，2014．

［179］张晓林．高质量发展是质的提升和变革［J］．前线，2021（1）：30-34．

［180］张毅．经济指数的两种编制方法及应用［J］．统计与决策，2012（10）：78-81．

［181］张勇．质量变革：新时代经济发展的内在要求［J］．中国质量技术监督，2018（12）：49-51．

［182］张志强，钟炜林．高技术产业高质量发展效率测算及区域差异分析［J］．统计与决策，2021，37（8）：14-17．

［183］张治栋，廖常文．全要素生产率与经济高质量发展——基于政府干预视角［J］．软科学，2019，33（12）：29-35．

［184］赵剑波，史丹，邓洲．高质量发展的内涵研究［J］．经济与管理研究，2019，40（11）：15-31．

［185］郑春荣．"税收痛苦指数"的理论错误与反思［J］．经济问题，2009（2）：114-117．

［186］钟肖英，谢如鹤．产业结构调整与中国经济增长方式转变——基于240个城市数据的空间计量分析［J］．技术经济与管理研究，2021（5）：92-95．

［187］周业安，章泉．财政分权、经济增长和波动［J］．管理世界，2008（3）：6-15．

［188］周焰．中国税收风险问题研究［D］．成都：西南财经大学，2008．

［189］朱军．中国宏观DSGE模型中的税收模式选择及其实证研究［J］．数量经济技术经济研究，2015，32（1）：67-81．

［190］朱青．中国税负高低辨析——评《福布斯》杂志的中国"税收痛苦指数"［J］．中国税务，2007（8）：58-60．

［191］郏立涛．促进我国经济结构调整的财政政策研究［D］．北京：中华人民共和国财政部财政科学研究所，2014．